Manipulationstechniken für Anfänger

Die Kunst der Manipulation. Wie Sie andere Menschen im Alltag zu Ihren Gunsten manipulieren und erkennen, wann Sie selbst manipuliert werden.

Sven Strehle

Inhaltsverzeichnis

Vorwort

Das Manipulieren anderer Menschen steht in keinem besonders guten Ruf. Es gilt als fragwürdig und etwas anrüchig. Und wer sich dem Vorwurf der Manipulation ausgesetzt sieht, findet sich schnell in der Defensive wieder. Völlig zu Unrecht. Denn Manipulation ist die normalste Sache der Welt. Sie wird von allen Menschen seit jeher praktiziert und ist ein Bestandteil normalen menschlichen Verhaltens.

Wir alle manipulieren andere Menschen, um unsere eigenen Wünsche und Ziele durchzusetzen und uns Vorteile zu verschaffen. Und genauso versuchen auch andere Menschen im Gegenzug uns zu manipulieren, um sich ihrerseits Vorteile zu verschaffen. Das ist völlig normal und ein Teil des täglichen Lebens. Wir alle beginnen schon von klein auf damit, Menschen zu manipulieren. Schon kleine Kinder versuchen, ihre Eltern zu beeinflussen, damit diese zum Beispiel im Supermarkt Süßigkeiten kaufen, die sie eigentlich nicht kaufen wollen. Die Eltern unter den Lesern werden wissen, wie häufig Kinder damit erfolgreich sind.

Wir alle beeinflussen und manipulieren andere Menschen jeden Tag. und genauso werden wir selbst beeinflusst und manipuliert. Zum einen von den Menschen in unserer Umgebung, aber auch durch die Werbung von unzähligen Unternehmen, die alle ihre Produkte an den Mann oder die Frau bringen wollen. Neben kommerziellen Unternehmen ringen Parteien, Interessenverbände und Wohltätigkeitsorganisationen ebenso, wie Religionsgemeinschaften, um unsere Aufmerksamkeit. Sie alle wollen uns zu ihren Gunsten beeinflussen, und sie sind dabei oft erfolgreich, selbst dann, wenn wir wissen, dass wir manipuliert werden sollen, zum Beispiel in einem Verkaufsgespräch oder beim Ansehen von Werbung.

Es gibt ganze Heerscharen von Profis, die das Beeinflussen anderer Menschen von der Pike auf gelernt haben, die uns in ihrem Sinne manipulieren wollen. Und oft haben sie Erfolg. Warum ist das so? Warum ist es möglich, dass wir so oft manipuliert und fremdgesteuert werden und dabei Dinge tun, die oft unseren eigentlichen Interessen zuwiderlaufen und von denen nur andere den Nutzen haben?

Und wie können wir selbst unsere Chancen in diesem Spiel verbessern? Haben Sie sich nicht auch schon einmal gefragt, wie Sie Ihre eigenen Chancen verbessern können, und Ihrerseits andere Menschen gezielt zu Ihren Gunsten beeinflussen können? Das sind die Fragen, denen dieses Buch gezielt auf den Grund gehen soll. Sie werden lernen, dass das Beeinflussen anderer Menschen keine Zauberei ist, sondern nach ganz bestimmten Gesetzmäßigkeiten funktioniert. Der menschliche Verstand gehorcht bestimmten Regeln und Gesetzmäßigkeiten. Wenn man diese Regeln und Gesetzmäßigkeiten kennt, ist es wesentlich einfacher, sich zum einen selbst vor Manipulation zu schützen und zum anderen verbessert es auch die eigenen Chancen ganz erheblich, andere Menschen zu beeinflussen.

Die Mechanismen, die beim Beeinflussen anderer Menschen am Werk sind, sind inzwischen gut erforscht. Echte Pionierarbeit auf diesem Gebiet hat der amerikanische Soziologie-Professor Robert Cialdini geleistet, der diese Phänomene über Jahrzehnte systematisch erforscht hat.

Manche Erkenntnisse werden Sie erstaunen und möglicherweise auch etwas erschrecken. Denn auch, wenn wir glauben, jederzeit Herr unserer Entscheidungen zu sein, so sind wir in Wirklichkeit viel leichter und zielsicherer zu manipulieren und zu beeinflussen, als es den meisten Menschen bewusst ist. Selbst, wenn man weiß, wie die Techniken zum Beeinflussen von Menschen funktionieren, behalten diese ihre Wirksamkeit. Das Wissen um die Manipulationstechniken schützt nur begrenzt vor der Wirksamkeit. Trotzdem erschwert es natürlich die Einflussnahme anderer Menschen, wenn man weiß, wie die Gesetzmäßigkeiten der Überzeugung funktionieren.

Und ebenso verbessern sich natürlich auch Ihre eigenen Chancen, Ihre Interessen durchzusetzen und andere Menschen in Ihrem Sinne zu beeinflussen, wenn Sie wissen, wo der Hebel angesetzt werden kann, um das Verhalten anderer Menschen zu beeinflussen.

Dieses Buch besteht aus zwei Teilen: Zunächst schauen wir uns an, wie es überhaupt möglich ist, dass Menschen auf so einfache Weise manipuliert werden können, wie es der Fall ist. Sie erfahren, was Menschen und Tiere an automatischem Verhalten gemeinsam haben, und warum sich der Mensch in seinem Verhalten in vielerlei Hinsicht nicht allzu sehr vom Verhalten einer Putenhenne unterscheidet. Sie lernen, welche Rollen Emotionen und rationaler Verstand bei der Entscheidungsfindung haben und was das Ganze mit einem Eisberg zu tun hat.

Im zweiten Teil nehmen wir ganz gezielt die sieben wichtigsten Manipulationstechniken auseinander, derer sich die Überzeugungsprofis aus Werbung, Politik und Religion bedienen, um uns zu manipulieren und uns so handeln zu lassen, wie sie es wollen. Sie erfahren anhand praktischer Beispiele, wie jedes der sieben Gesetze funktioniert, wie und wo es angewendet wird, und wie Sie sich selbst davor schützen können, manipuliert zu werden. Und schließlich gehen wir auch darauf ein, wie Sie selbst die sieben Gesetze der Manipulation zu Ihrem eigenen Vorteil anwenden können.

1. Verhaltensprogramme – Oder warum wir oft gar nicht anders können...

Sind wir wirklich immer Herr unserer Entscheidungen? Treffen wir wirklich unsere Entschlüsse, indem wir unseren Verstand einsetzen, das Für und Wider gegeneinander abwägen und dann eine vernünftig begründete Entscheidung treffen? Oder spielen womöglich ganz andere Dinge eine Rolle? Der Mensch, als einziges vernunftbegabtes Wesen, ist dazu in der Lage, Entscheidungen bewusst, mit dem Verstand zu treffen. Wir können rationale Überlegungen anstellen und unser Handeln danach ausrichten. Tiere können das nicht. Tiere werden weitgehend von festgelegten Verhaltensroutinen gesteuert, wie wir gleich sehen werden.

1.1. **Festgelegte Verhaltensprogramme bei Tieren**

Wie funktionieren Verhaltensprogramme bei Tieren? Erfreulicherweise wurden diese Abläufe inzwischen genau erforscht. Schauen wir uns das am Beispiel einer Putenhenne und ihren Küken einmal an. Wir werden einige erstaunliche Entdeckungen machen.

Puten sind nicht unbedingt für ihre hohe Intelligenz bekannt. Trotzdem schafft es eine Putenhenne, ihre Küken zu identifizieren und zu bemuttern. Wie macht sie das? Woran erkennt eine Putenhenne ihre Küken? Erkennt die Putenhenne ihre Küken anhand ihres äußeren Erscheinungsbildes? Spielt der Geruch eine Rolle? Oder was ist der Auslöser dafür, dass eine Putenhenne damit beginnt, ihre frisch geschlüpften Putenküken zu bemuttern? Forscher haben durch Experimente eine erstaunliche Entdeckung gemacht:

Wenn ein Putenküken einen Tschiep-Laut von sich gibt, beginnt die Putenhenne automatisch mit der Brutpflege und bemuttert das Küken. Allerdings haben Forscher in umfangreichen Versuchen festgestellt, dass es *ausschließlich* das Tschiepen des Kükens ist, dass die Mutter dazu bringt, das Küken als solches zu erkennen und mit der Brutpflege zu beginnen. Küken, die nicht tschiepen, werden von der Henne nicht als Küken erkannt und ignoriert und sich selbst überlassen.

In einem weiteren Versuch wurde die Henne mit der Attrappe eines Stinktieres konfrontiert. Stinktiere gehören zu den natürlichen Feinden der meisten Vögel, da sie die Gelege plündern und die Eier fressen. Die Henne begann sofort, das vermeintliche Stinktier heftig zu attackieren, um ihre Küken zu schützen und den „Angreifer" abzuwehren. So weit so gut. Diese Reaktion ist sinnvoll und dient dem Überleben von Henne und Küken.

Jetzt haben die Forscher allerdings eine perfide Idee gehabt: Sie haben in der Stinktierattrappe ein kleines Kassettengerät befestigt, dass eine Tonaufnahme vom Tschiepen eines Kükens abgespielt hat. Die Putenmutter begann nun prompt damit, die Stinktierattrappe zu bemuttern, die jetzt fälschlicherweise nicht mehr als Feind, sondern als Küken wahrgenommen wurde.

Es ist also wirklich *ausschließlich* der Reiz des Tschiepens, der die Henne dazu bringt, etwas als Küken zu erkennen. Das äußere Erscheinungsbild der Küken spielt für die Putenhenne überhaupt keine Rolle. Sie würde auch versuchen, ein Alligator-Baby zu bemuttern, solange es nur ein „Tschiep" von sich gibt.

Wir sollten nicht den Fehler machen, uns über die vermeintliche Dummheit der Henne lustig zu machen. Denn unter normalen Bedingungen funktioniert dieses Programm zur Brutpflege ja ganz ausgezeichnet. Es sorgt dafür, dass die Henne sich nur um die Küken kümmert, die gesund und kräftig sind und ein lautes Tschiepen hervorbringen können. Dass menschliche Forscher auf die Idee kommen könnten, die Henne mit einer Attrappe hinters Licht zu führen, ist im Ablauf dieses Programms natürlich nicht vorgesehen.

Auf die gleiche Weise wie die Henne „funktionieren" praktisch alle Tiere. Bestimmte Reize sorgen per Automatismus dafür, dass bestimmte Verhaltensprogramme abgefahren werden.

Es gibt eine ganze Reihe solcher Programme, die fest im Verhalten eines Tieres verankert sind. Paarungsrituale, Brutpflege, Abwehr von Feinden und noch einiges mehr. Für jede Situation und jeden Lebensbereich hat die Evolution die Tiere mit einem Verhaltensprogramm ausgestattet, das durch die passenden Reize aktiviert und abgerufen werden kann. Zum Beispiel das Paarungsritual durch den Geruch eines paarungsbereiten Weibchens.

Je niedriger entwickelt das Tier ist, desto weniger Spielraum hat es, dieses Verhalten durch eigene Entscheidungen zu beeinflussen. Während Hunde, oder Affen zum Beispiel, einen gewissen Handlungsspielraum haben, hat die Putenhenne keinerlei Entscheidungsfreiheit und ist zu 100 Prozent auf ihr automatisch ablaufendes Programm angewiesen.

Es stellt sich die spannende Frage: In welchem Umfang gibt es auch beim Menschen automatisch ablaufende Prozesse? Sind wir immer Herr unserer Entscheidungen? Oder arbeitet auch bei uns das Gehirn manchmal vollautomatisch bestimmte Prozesse ab, ohne dass uns das bewusst ist?

1.2. **Gibt es auch beim Menschen festgelegte Programme?**

Natürlich hat der Mensch einen wesentlich größeren Entscheidungsfreiraum, als ein Tier. Aber auch bei uns gibt es Vorgänge im Gehirn, die unbewusst und automatisch ablaufen. Das beginnt mit den Dingen, die wir als „Gewohnheiten“ bezeichnen. Es gibt jede Menge Handlungen, die wir fast völlig automatisch ausführen, ohne, dass es uns überhaupt noch bewusst ist. Wir wechseln beim Autofahren die Gänge, ohne jedes Mal eine lange Überlegung anzustellen. Wir putzen uns morgens die Zähne und waschen uns die Hände, als Teil eines immer gleichen Rituals, für das keine höheren Hirnfunktionen bemüht werden müssen.

Unzählige große und kleine Gewohnheiten sind fest in unserem Gehirn verankert. Nicht von Geburt an, wie bei den Tieren, sondern als erlerntes Programm, das sich schließlich verselbstständigt und automatisch bei den passenden Gelegenheiten aktiviert hat.

Darüber hinaus gibt es auch beim Menschen offenbar genetisch festgelegte Verhaltensmuster. So gibt es zum Beispiel bei der Brautwerbung weltweit große Gemeinsamkeiten, unabhängig von Rasse, Sprache und Kultur.

Warum gibt es überhaupt so viele automatisch ablaufende Programme, die in unser Unterbewusstsein eingebettet sind? Die Antwort auf diese Frage ist ganz einfach: Dieses komplexe System von mentalen Autopiloten brauchen wir, weil unser Gehirn sonst hoffnungslos überfordert wäre, wenn wir immerzu lauter bewusste Entscheidungen treffen müssten. Würden wir uns mit all den Dingen befassen, die das Gehirn per Autopilot für uns erledigt, wären wir hoffnungslos mit der Wahrnehmung und Verarbeitung der unzähligen Informationen überfordert. Unsere automatisch ablaufenden Verhaltensmuster dienen zu unserer Entlastung und sie wurden angelegt, weil sie sich im Laufe der Zeit als zweckmäßig erwiesen haben.

Doch wie bei der Putenhenne, können auch beim Menschen geschickte Manipulatoren dafür sorgen, dass diese automatisch ablaufenden Programme zu unseren Ungunsten und zum Vorteil der manipulierenden Person genutzt werden. Wenn Sie plötzlich einen sündhaft teuren Staubsauger an der Haustür gekauft haben, obwohl Sie keinen neuen Staubsauger brauchen und wollen, dann hat der Verkäufer erfolgreich die sieben Regeln der Beeinflussung angewendet und es geschafft, bei Ihnen Gedanken und Verhaltensmuster auszulösen, die am Ende zur Unterschrift unter den Kaufvertrag geführt haben.

Einen interessanten, automatisch ablaufenden Mechanismus, können Sie mit dem Wörtchen „weil" auslösen. Es ist Ihnen sicherlich auch schon einmal passiert, dass Sie in einer Schlange an der Supermarktkasse vorgelassen werden wollten. Es gibt jetzt zwei Möglichkeiten. Sie können die Leute vor Ihnen einfach fragen:

„Entschuldigung, können Sie mich bitte vorlassen?“ Diese Methode ist nicht besonders effektiv und wird zu einem hohen Prozentsatz an Ablehnungen führen. Es gibt aber ein einfaches Gesetz, das Sie sich zunutze machen können, um Ihre Erfolgsquote drastisch zu erhöhen

> *Wenn Menschen um einen Gefallen gebeten werden, steigt deren Bereitschaft Ihnen zu helfen, wenn Sie Ihr Anliegen begründen.*

Wenn Sie fragen: „Entschuldigung, können Sie mich bitte vorlassen, weil… ich verpasse sonst meinen Bus und meine Kinder warten aufs Abendessen“, dann stehen Ihre Chancen erheblich besser. Man hat das ausgiebig getestet und es funktioniert.

Jetzt kommt ein kleines, aber bemerkenswertes Detail: Es ist ausschließlich das Wörtchen „weil“, dass die zustimmende Reaktion auslöst. Auch, wenn Ihre Begründung unsinnig ist, oder gar nicht dringend ist, so steigt alleine durch das Wörtchen „weil“ die Bereitschaft, Sie in der Warteschlange vorzulassen. Die eigentliche Begründung spielt demgegenüber eine völlig untergeordnete Rolle. Sie können genauso gut fragen: „Würden Sie mich bitte vorlassen, weil … ich es eilig habe?“ Oder: „Würden Sie mich bitte vorlassen, weil … heute Montag ist?“

Es ist das Wörtchen „weil“, dass den anderen Menschen signalisiert, dass Sie einen guten Grund für Ihre kleine Bitte haben, und das für Bereitwilligkeit sorgt, Ihnen zu Willen zu sein.

Haben wir es hier nicht mit einem ganz ähnlichen Mechanismus wie bei dem „Tschiep“-Geräusch bei der Putenhenne zu tun, das automatisch das Brutpflegeprogramm auslöst?

Solche automatisch ablaufenden Programme haben auch beim Menschen einen Sinn. Sie entlasten unser Bewusstsein. In den meisten Fällen interessiert uns die Begründung für den Wunsch vorgelassen zu werden ja auch gar nicht wirklich. Für unsere Entscheidung, dem Wunsch zuzustimmen oder ihn abzulehnen, zählt nur die Frage, ob derjenige überhaupt einen Grund vorgibt. Das Wörtchen „weil“ ist dabei vollkommen ausreichend, um den Schalter im Kopf umzulegen.

Allerdings stellt sich jetzt die Frage: Wenn es solche automatisch ablaufenden Prozesse gibt, und es gibt viele davon, wie frei sind wir dann eigentlich in unseren Entscheidungen?

1.3. **Wie frei sind wir in unseren Entscheidungen?**

Verkäufer lernen es seit Langem: Bei einer Kaufentscheidung haben rationale, vernünftige Überlegungen einen Einfluss von nur etwa 10 Prozent, während 90 Prozent der Entscheidung von emotionalen, unbewusst ablaufenden Programmen des Kunden gefällt werden. Und selbstverständlich ist das nicht nur bei Kaufentscheidungen, sondern auch bei vielen anderen alltäglichen Handlungen der Fall. Wir werden also fortlaufend von unbewusst und großteils emotional gesteuerten Programmen gelenkt, die ohne Zutun unseres Bewusstseins abgespult werden und die wir mit unserem Verstand nur zum Teil beeinflussen können.

Letztlich unterscheidet sich unsere Lage gar nicht so sehr von der der Putenmutter. Nur, dass bei uns wesentlich komplexere Programme ablaufen. Menschen, die wissen, wie das menschliche Unterbewusstsein tickt, können sich diese automatisch ablaufenden Handlungen, die bei den meisten Menschen mehr oder weniger stark verankert sind, zunutze machen, um ganz erheblichen Einfluss auf uns auszuüben.

Natürlich hat das Wissen um diese Gesetzmäßigkeiten, wie alle Dinge, zwei Seiten. Wenn Sie wissen, mit welchen Tricks man immer wieder versucht, Ihr Verhalten zu beeinflussen und Ihre Zustimmung zu erheischen, fällt es Ihnen wesentlich leichter, sich dagegen zur Wehr zu setzen. Und selbst, wenn es mit dem zur Wehrsetzen nicht immer klappen wird, Sie werden zumindest merken, wenn jemand versucht, Sie zu beeinflussen und sind den Profis in Sachen Manipulation nicht hilflos ausgeliefert – wie die meisten anderen Menschen. Und Profis, die Sie beeinflussen wollen, gibt es unzählige. Spendensammler,

Versicherungsvertreter, Lexikonverkäufer, Sekten aller Art, Politiker, Werbespots.

Die andere Seite der Medaille: Wenn Sie wissen, wie die Gesetzmäßigkeiten der Manipulation funktionieren und Sie die sieben wichtigsten Regeln kennen, mit denen Menschen manipuliert werden können, dann wird Ihnen das für Ihr künftiges Leben völlig neue Perspektiven eröffnen. Ihre Aussichten, künftig Ihre Interessen durchzusetzen, werden sich mit diesem Wissen zweifellos dramatisch verbessern.

2. Die sieben Gesetze der Überzeugung und wie sie funktionieren

Sie werden erstaunt sein: Bei genauerer Analyse lassen sich alle Techniken zur Manipulation von Menschen, die uns tagtäglich begegnen, auf nur sieben verschiedene Grundtechniken oder Grundgesetze reduzieren, die einzeln, oder auch im Zusammenwirken, dafür sorgen, dass andere uns gefügig machen können und uns ihren Willen aufdrängen können.

Das ist eine bemerkenswerte Erkenntnis, denn es stellt sich heraus, dass die Techniken der Menschenmanipulation ausgesprochen überschaubar sind. Wohl jeder von uns ist schon allen sieben beschriebenen Gesetzen einmal zum Opfer gefallen, und ebenso hat wohl jeder schon einmal das ein oder andere der sieben Gesetze der Manipulation selbst angewendet.

Die meisten Menschen tun dies allerdings unbewusst und sind sich über die Abläufe der Manipulation nicht im Klaren. Sie sind Amateure, die ungeschickt mit Werkzeugen hantieren, für die sie keine Ausbildung haben. Entsprechend unbefriedigend fallen die Ergebnisse meistens aus. Völlig anders dagegen die Situation bei denen, die sich von Berufs wegen damit befassen, Menschen in ihrem Sinne zu beeinflussen: Politiker, Verkäufer, Sektenführer, Spendensammler… Die Liste derer, die sich von Berufs wegen mit dem Beeinflussen von Menschen befassen, ist lang. Diese Leute sind Experten und wissen sehr genau, was sie tun. Sie wissen, wie man die sieben Gesetze anwendet und wie Menschen mental funktionieren.

Entscheidend ist, dass diese sieben Gesetze der Manipulation bei fast allen Menschen funktionieren und ähnlich wie in dem Beispiel mit der Putenhenne oder der Warteschlange an der Supermarktkasse automatische Reaktionsmuster bei uns auslösen, gegen die wir uns nur schwer zu Wehr setzen können. Eben diese automatischen Reaktionen machen diese sieben Mechanismen zur Beeinflussung von Menschen so ausgesprochen wirkungsvoll.

Wir werden uns im Folgenden alle sieben Gesetze der Reihe nach ansehen, lernen, wie sie funktionieren, und uns darüber Gedanken machen, welche Möglichkeiten es gibt, sich der Wirkung dieser Manipulationstechniken zu entziehen.

2.1. Das Gesetz der Gegenseitigkeit

Das Gesetz der Gegenseitigkeit ist vielleicht eines der erstaunlichsten Gesetze, wenn es um die Beeinflussung von Menschen geht. Menschen sind so gestrickt, dass sie anderen Menschen nicht gerne etwas schuldig bleiben. Wenn uns jemand einen Gefallen tut, wollen wir diesen Gefallen erwidern. Ein praktisches Beispiel: Wenn uns jemand zu seiner Geburtstagsparty einlädt, fühlen wir uns verpflichtet, ihn ebenfalls zu unserer Geburtstagsparty einzuladen. Menschen, die uns Weihnachtskarten oder Geburtstagsglückwünsche senden, schicken wir bei passender Gelegenheit eine Karte zurück. Wenn unser Nachbar uns seinen Rasenmäher geborgt hat, werden wir uns verpflichtet fühlen, ihm im Gegenzug im Winter unseren Schneeschieber zu leihen, wenn er darum bittet.

Alles in allem ist das Prinzip vom Geben und Neben tief in uns verankert und wir streben immer nach einem Ausgleich. Die meisten Menschen fühlen sich nicht gut, wenn sie nur nehmen, ohne jemals etwas zurückzugeben. Selbstverständlich gibt es solche Menschen, aber hier handelt es sich um eine Anomalie und nicht um die große Mehrheit. Die Mehrzahl aller Menschen möchte im Gleichgewicht mit ihrer Umgebung leben und niemandem etwas schuldig sein.

Dieses Prinzip lässt sich leicht zur Manipulation ausnutzen. Die Anhänger der Bhagwan-Sekte hatten dazu in den siebziger und achtziger Jahren eine interessante Strategie auf amerikanischen Flughäfen entwickelt. Und zwar haben die Bhagwan-Jünger im Flughafenterminal zunächst einmal in der Nähe des Eingangsbereichs jedem neu ankommenden Passagier eine Rose geschenkt, bevor sie die Leute dann im weiteren Verlauf um Spenden für ihre Sekte angebettelt haben. Der Trick hat tatsächlich eine ganze Weile funktioniert. Interessanterweise funktioniert das Gesetz der Gegenseitigkeit auch dann, wenn das Geschenk eigentlich gar nicht erwünscht ist, wie im Falle der aufgedrängten Rose. Aus dieser Falle gibt es nur einen Ausweg, nämlich das aufgedrängte Geschenk zurückzuweisen. Ein erheblicher Teil der Passagiere, die sich die Rose haben andrehen lassen, fühlte sich schließlich genötigt, den Bhagwan-Jüngern zumindest eine kleine Spende zukommen zu lassen.

Uns begegnet dieses Prinzip aber auch anderen Orts. Spendensammler kommen nicht immer im auffälligen orangeroten Gewand des Sektenanhängers daher. Es gibt unzählige Organisationen, die alle Geld, für mehr oder weniger gute Zwecke, sammeln wollen. Wie viel von den Spenden wirklich Bedürftigen zu Gute kommt und wie viel am Ende im Geflecht der Sammelorganisationen für Verwaltung und Vertrieb verbraucht wird, sei dahingestellt. Tatsache ist, dass Werbebriefe, die zum Spenden auffordern wollen, neben Bildern von knuffigen bedrohten Tieren, wie Eisbären oder kulleräugigen afrikanischen Kindern, häufig auch ein kleines Geschenk enthalten: Zum Beispiel in Form eines Kugelschreibers oder in Form von Postkarten, oder anderen kleinen Beilagen. Auch hier setzen die Spendensammler darauf, auf diese Weise, mit dem Gesetz der Gegenseitigkeit, ihrer Bitte zusätzlichen Nachdruck zu verleihen. Spätestens, wenn ein Adressat im Laufe der Zeit mehrere Briefe mit Kugelschreibern oder anderen Werbeartikeln bekommen hat, steigt die Wahrscheinlichkeit, dass er sich irgendwann verpflichtet fühlt, etwas in Form einer Spende zurückzugeben. Zumal es ja für einen guten Zweck ist, was den Druck noch einmal zusätzlich erhöht.

Auf eine ganz spezielle Weise wendet übrigens die chinesische Regierung das Gesetz der Gegenseitigkeit an. Schon seit jeher benutzt China Pandabären als ganz spezielle Gastgeschenke. Staaten, die für die chinesische Regierung eine wichtige Rolle spielen, bekommen Pandabären für ihre Zoos geschenkt. Im Gegenzug erwartet die chinesische Regierung selbstverständlich diplomatisches Entgegenkommen in allen wichtigen Fragen. Seit einigen Jahren werden die Pandas nur noch vermietet und sind damit nur eine Leihgabe. Die Erwartung an Gegenleistung als Kooperation bleibt.

Ihnen ist jetzt sicherlich klar, dass sämtliche Gratisangebote von Geschäften aller Art mit einer gewissen Vorsicht zu genießen sind. Es geht dabei immer darum, das Gesetz der Gegenseitigkeit zu Ihren Ungunsten anzuwenden, Ihre Abwehrbereitschaft zu schwächen und zu durchlöchern. Wenn Sie im Supermarkt ein paarmal einen Gratis-Donut angenommen haben, steigt die Wahrscheinlichkeit dramatisch, dass Sie irgendwann einen kaufen werden. Sämtliche kostenlosen Proben und kleinen Geschenke haben immer die Eigenschaft, das Gesetz der Gegenseitigkeit zu Ihren Ungunsten in Kraft zu setzen. Natürlich geht es bei kostenlosen Produktproben auch darum, dass Sie sich von der Qualität des Produkts ein Bild machen sollen - aber eben nicht nur. Auch im Internet begegnet uns das Prinzip, wenn uns kostenlose Probemonate für irgendwelche Abos angeboten werden, oder ein Anbieter uns ein kostenloses E-Book mit nützlichen Informationen zur Verfügung stellt - (hier zusätzlich im Tausch gegen unsere E-Mail-Adresse).

Das Gesetz funktioniert aber auch im privaten Rahmen. Sie werden einem Kollegen, der Ihnen freiwillig bei der Bewältigung einer Zusatzaufgabe hilft, später kaum einen Gefallen abschlagen können. Das Gesetz der Gegenseitigkeit ist eines, der am tiefsten verwurzelten und mächtigsten Gesetze überhaupt, und Sie können auch für sich selbst einiges damit erreichen.

Wie Sie selbst das Gesetz der Gegenseitigkeit zu Ihren Gunsten anwenden.

Die Sache ist eigentlich nicht schwer: Machen Sie kleine Geschenke und Zugeständnisse an Leute, von denen Sie Ihrerseits später etwas fordern wollen. Schaffen Sie auf diese Weise Abhängigkeiten und moralische Verpflichtungen. Der kürzlich verstorbene Altbundeskanzler Dr. Helmut Kohl war ein Meister im Beherrschen dieser Strategie zur persönlichen Einflussnahme, und hat immer gerne Parteifreunden geholfen, wo immer es möglich war. Allerdings war damit immer die Forderung nach einer Gegenleistung, im Mindestfall die Forderung nach absoluter Loyalität ihm gegenüber verbunden.

Wie Sie sich vor einer Vereinnahmung durch dieses Gesetz schützen können, sollte glasklar sein: Überlegen Sie sich immer genau, ob Sie ein Geschenk oder eine Gefälligkeit wirklich annehmen wollen, oder ob Sie sich damit in eine moralische Abhängigkeit begeben, die Ihnen später womöglich irgendwann Zugeständnisse abverlangt, die Sie eigentlich nicht eingehen wollen. Das gilt nicht nur für den beruflichen, sondern genauso für den privaten Bereich. Lassen Sie sich nicht die Rose aufdrängen, die nur als Schlüssel dazu dient, dass Sie am Ende die Brieftasche aufmachen. Werfen Sie Schnorrer-Briefe von Spendensammlern ungelesen in den Papierkorb und lassen Sie sich keine Werbeartikel von politischen Parteien andrehen, wenn Sie sicher sein wollen, dass Ihre Wahlentscheidung am Ende nicht unterschwellig beeinflusst wird.

Im Zweifel ist Geben tatsächlich seliger denn Nehmen. Besser, Sie machen selbst kleine Geschenke, die die Freundschaft erhalten und verpflichten sich damit andere Menschen nach dem Gesetz der Gegenseitigkeit, als dass Sie sich selbst in die Rolle des Gefälligkeiten-Empfängers begeben und dann anderen zu Willen sein müssen.

2.2 Das Gesetz der Knappheit

Das Gesetz der Knappheit ist wohl das Simpelste der sieben Gesetze der Beeinflussung. Es basiert auf einem ganz einfachen Prinzip: Wenn etwas nur begrenzt verfügbar ist, dann steigt der Preis, und das betreffende Gut erscheint den meisten Menschen wesentlich begehrenswerter, als wenn es unbegrenzt und jederzeit verfügbar ist. Erst wenn etwas knapp ist, wird es begehrenswert und wir bekommen Angst, zu kurz zu kommen und nichts mehr abzubekommen. Das Gesetz der Knappheit appelliert an unseren Futterneid, an die Angst, dass uns etwas entgeht, an unsere Furcht, dass jemand anders etwas bekommen könnte und für uns am Ende nichts mehr übrig ist. Es handelt sich um ein schlichtes Gesetz, das an unsere Gier und unsere Angst appelliert und damit sehr erfolgreich ist, denn diese Technik funktioniert seit Menschengedenken.

Das Gesetz der Knappheit findet im täglichen Leben praktisch überall Anwendung. Wir müssen uns nur einmal bewusst danach umsehen. Sonderangebote von Supermärkten sind immer zeitlich befristet, egal, ob in einem konventionellen Ladengeschäft, oder spezielle Deals, die nur online angeboten werden und an einem bestimmten Tag verfallen. Bei einer Haus- oder Wohnungsbesichtigung oder auch beim Kauf eines Gebrauchtwagens wird der Immobilienmakler oder der Verkäufer nebenbei einfließen lassen, dass es noch zahlreiche Interessenten für das Objekt gibt, mit denen man sich eigentlich schon fast einig ist. Auf diese Weise wird auch hier zusätzlicher Druck aufgebaut, um zum Abschluss zu kommen. Es ist erstaunlich, wie groß die Verlustangst des Menschen ist.

Diese Angst, etwas zu verpassen und zu kurz zu kommen, treibt uns manchmal dazu, die sonderbarsten Dinge zu kaufen, nur, weil es „eine einmalige Gelegenheit zu einem sehr günstigen Preis“ war. Dabei kann von einer echten Knappheit nur in den seltensten Fällen die Rede sein. Echte Knappheit liegt zum Beispiel bei einem antiken Einzelstück oder einem Kunstwerk vor, zum Beispiel in Gestalt eines einmaligen Gemäldes, eines seltenen Möbelstücks aus einem vorigen Jahrhundert, oder einem Oldtimer, von dem es nur noch wenige fahrfähige Exemplare gibt.

Alles, was uns ansonsten an einmaligen Gelegenheiten und kurzfristigen Sonderangeboten präsentiert wird, ist in Wirklichkeit alles andere als einmalig und schon gar nicht knapp. Wir leben tatsächlich in einer Überflussgesellschaft, in der alle materiellen Güter in ausreichender Menge angeboten und produziert werden. Jedes zeitlich befristete Sonderangebot wird über kurz oder lang wieder von einem neuen Sonderangebot abgelöst. Und immer und immer wieder fallen wir auf diesen billigen psychologischen Trick herein. Denn von allen hier vorgestellten sieben Gesetzen der Beeinflussung, ist das Gesetz der Knappheit wohl eines der am leichtesten zu durchschauenden Tricks und es kann einen nur wundern, dass es trotzdem so gut funktioniert.

Besonders skurrile Blüten treibt diese Manipulationsmethode im Internet. Es liegt in der Natur eines digitalen Produktes, dass zum Verkauf per Download angeboten wird, dass es gar nicht knapp sein kann, da davon mühelos beliebig viele Kopien verkauft und heruntergeladen werden können. Bei einem digitalen Produkt eine Knappheit zu behaupten ist ziemlich dreist und in sich widersinnig. Trotzdem funktioniert dieser plumpe Marketingtrick, der eigentlich eine Beleidigung der Intelligenz der Kunden darstellt.

Es gibt unendlich viele Internetseiten, in denen E-Books, Webinare, Lehrvideos und andere digitale Informationsprodukte angeboten werden, in deren Natur es liegt, dass mühelos beliebig viele Exemplare davon verkauft werden. Trotzdem arbeiten die Verkäufer dieser Produkte mit verschiedenen Methoden einer künstlichen Verknappung. Entweder wird ein besonders günstiger Preis in Aussicht gestellt, der innerhalb einer kurzen Frist nicht mehr verfügbar sein wird, oder es wird angeblich die Zahl der möglichen Downloads begrenzt. Mit einem rückwärts laufenden Zähler, der dem Kunden suggeriert, dass das Produkt bald „ausverkauft" sein wird, was, wie gesagt, bei einem elektronischen Produkt eigentlich ein Ding der Unmöglichkeit ist. Es gibt noch einige weitere Spielarten, um eine künstliche Knappheit zu erzeugen und natürlich können auch mehrere Methoden kombiniert werden, um den Druck noch zusätzlich zu erhöhen. Das Erstaunliche ist, dass diese Manipulation selbst dann funktioniert, *wenn* den Kunden eigentlich klar ist, dass es sich hier nur um einen leicht durchschaubaren Marketingtrick handelt.

Die unterschwellige Angst, zu kurz zu kommen und das Angebot womöglich nie wieder wahrnehmen zu können, arbeitet trotzdem im Unterbewusstsein, selbst wenn auf der Verstandesebene eigentlich klar ist, dass es sich um einen reinen Marketingtrick handelt.

Was das Gesetz der Knappheit für Sie bedeutet
Machen Sie sich immer wieder bewusst, dass es in unserer Überflussgesellschaft keine echte Knappheit gibt. Sie können Sonderangebote jeglicher Art getrost ignorieren. Das nächste befristete, einmalig günstige Angebot, kommt ganz bestimmt. Lassen Sie sich nicht von unterbewussten Verlustängsten dazu verleiten, Geld für Dinge auszugeben, die Sie eigentlich nicht brauchen, und die Sie nur kaufen, weil es so eine „einmalige, unglaublich günstige Gelegenheit war". Es lohnt sich nicht.

Lassen Sie sich vor allem nicht von künstlichen Verknappungen bei Onlineprodukten unter Druck setzen. Es handelt sich dabei immer um Fake. Und sollte der Verkäufer tatsächlich den Verkauf nach einer bestimmten Anzahl von Exemplaren einstellen, dann ist das ein guter Grund, so einen Anbieter zukünftig zu meiden. Oder wollen Sie sich wirklich mit so billigen Mitteln unter Druck setzen lassen?

Natürlich können Sie selbst gelegentlich auch dieses Mittel anwenden. Wenn Sie Ihr gebrauchtes Auto verkaufen wollen und es gibt mehrere Interessenten, so kann es natürlich nicht schaden, diese Tatsache im Gespräch zu erwähnen.

2.3 Das Gesetz der Autorität

Das Gesetz der Autorität ist äußerst vielseitig anwendbar. Es beruht darauf, dass Menschen einer tatsächlichen oder vermeintlichen Autorität tatsächlich mehr Glauben schenken, als „normalen" Mitmenschen. Das Gesetz der Autorität begegnet uns überall und seine Funktion und die Anwendung sind eigentlich denkbar einfach.

Die Grundfunktion des Gesetzes lässt sich leicht an einem kleinen Beispiel erläutern: Stellen Sie sich eine Menschenmenge vor, die an einer Fußgängerampel darauf wartet, dass das Licht endlich grün wird. Es ist keine allzu große Menge, vielleicht zehn bis fünfzehn Personen. Keiner wagt es, bei Rot über die Straße zu gehen, obwohl nur sehr wenig Verkehr herrscht und alle darauf warten, dass die Ampel endlich von Rot auf Grün umspringt.

Da verliert einer der Wartenden die Geduld und überquert die Straße trotz der roten Ampel, da ja kaum Autos vorhanden sind, und es ohne weiteres möglich ist, die Straße trotz der roten Ampel zu überqueren.

An dieser Stelle wird es jetzt interessant, denn die Reaktion der anderen Wartenden wird massiv vom äußeren Erscheinungsbild desjenigen beeinflusst, der als Erster bei Rot über die Ampel geht. Ist derjenige durchschnittlich bis ärmlich gekleidet, wie man es von jemandem in einem schlecht bezahlten Job, am unteren Ende der Gehaltsskala, oder einem Empfänger von Grundsicherung erwarten würde, dann bleiben die anderen Leute in den meisten Fällen stehen, um weiter auf die grüne Ampel zu warten. Sie ignorieren den Ausreißer und ziehen es vor, weiter den Verkehrsregeln zu folgen, die eine Überquerung der roten Ampel verbieten. Unter Umständen kann es sogar dazu kommen, dass einige der Wartenden über den Regelbrecher murren und ihn am liebsten zur Ordnung rufen würden.

Gänzlich anders sieht es aus, wenn derjenige, der als Erster die Straße trotz roter Ampel überquert, gut gekleidet ist und über eine selbstsichere Ausstrahlung verfügt. Wir können getrost davon ausgehen, dass sich in diesem Fall wie von Geisterhand nach kurzem Zögern auch der Rest der Menge in Bewegung setzt, um dem Beispiel des gutgekleideten Mannes zu folgen.

Wir werden hier Zeuge eines Phänomens, das Verkäufern seit vielen Jahren bekannt ist: Nicht umsonst gibt es das Sprichwort „Kleider machen Leute“. Offensichtlich verschafft bereits ein gut sitzender Anzug, saubere Schuhe und ein korrekter Haarschnitt, ein deutliches Plus an

Autorität im Umgang mit anderen Menschen. Denn selbstverständlich wirkt sich das äußere Erscheinungsbild nicht nur an der Fußgängerampel, sondern auch in jeder anderen Lebenslage aus.

Die Lage verändert sich übrigens noch einmal dramatisch, wenn derjenige, der als Erster die rote Ampel überquert, statt eines Anzugs eine Uniform trägt, am besten eine Polizei- oder Ordnungsamtsuniform. In diesem Fall können wir davon ausgehen, dass alle anderen Wartenden dem Uniformträger bedenkenlos folgen werden.

Dass Uniformen Autorität verleihen, ist kein ganz neues Gesetz. Schon in der Komödie „Der Hauptmann von Köpenick", wo ein armer Schuster dank einer, aus einem Kostümverleih geliehenen Uniform, zum vermeintlichen Hauptmann wird und schließlich in dieser „offiziellen Funktion" die Stadtkasse von Köpenick beschlagnahmt.

Nun hatten im damaligen Kaiserreich Offiziere einen wesentlich höheren gesellschaftlichen Status als heute, und wir können getrost davon ausgehen, dass das Gesetz der Autorität seinerzeit auf eine optimale Umgebung zu seiner Anwendung traf. Seitdem hat sich in Deutschland viel geändert und Uniformen im klassischen Sinne spielen bei uns in der Öffentlichkeit fast nur in Form von Polizeiuniformen eine Rolle. Doch nach wie vor kann man mit der richtigen Kleidung zusätzliche Autorität gewinnen. Neben den klassischen Militäruniformen gibt es zahlreiche andere Kleidungsstücke, die ihren Trägern zusätzliche Autorität verleihen.

Menschen mit weißen Kitteln sind in der Regel Ärzte oder Wissenschaftler, auch Richterroben dienen dazu, ihren Trägern Respekt zu verschaffen.

Das Gesetz der Autorität geht dabei weit über das reine äußere Erscheinungsbild hinaus. Es kommt auch dann zum Tragen, wenn uns jemand als Experte für etwas vorgestellt wird. Unsere Welt wird immer komplexer und es gibt immer mehr Dinge, über die wir nicht Bescheid wissen. Was liegt da näher, als auf das Fachwissen von Experten zu vertrauen.

Die Werbung weiß das und macht sich dieses Prinzip schon lange zu Nutze. So gibt es Zahnpasta, die ausdrücklich „von Zahnärzten empfohlen“ wird, jedenfalls, wenn wir der Werbung Glauben schenken wollen.

Wahre Wunder hat das Gesetz der Autorität bei der Zahnbürstenmarke „Dr. Best“ vollbracht. Bei einem umfangreichen Marken-Relaunch in den achtziger Jahren suchte man nach einer passenden Werbefigur und fand sie schließlich in Gestalt von Dr. James Earl Best, einem Zahnarzt aus Illinois, der nicht nur zufällig tatsächlich „Dr. Best“ hieß, sondern auch optisch die idealen Voraussetzungen für einen Einsatz als Werbefigur mitbrachte. Von nun an machte Dr. Best Werbung für das Unternehmen und bewarb die elastisch federnde Zahnbürste.

Bei diesem Beispiel wurde das Gesetz der Autorität gleich mehrfach erfolgreich angewendet. Zum einen ist Dr. Best Mediziner und hat von daher einen Status als Experte. Dieser Expertenstatus färbt automatisch auf das Produkt ab und verleiht dem Werbespot Glaubwürdigkeit. Dazu bringt Dr. Best das richtige Erscheinungsbild mit – ein älterer, grauhaariger Herr mit Schnauzbart – und nicht zuletzt trägt er die richtige Uniform in Form eines weißen Zahnarztkittels.

All dies zusammengenommen verleiht Dr. Best automatisch ein hohes Maß an Glaubwürdigkeit und Autorität. Dass Dr. Best nur zufällig den gleichen Namen trägt, wie das Produkt, kann der Zuschauer nicht wissen und es tut der Wirksamkeit keinen Abbruch. Dr. Best ist übrigens im Jahr 2002 78-jährig an einer Krebserkrankung verstorben und wurde seitdem durch andere, weiß bekittelte Arztdarsteller ersetzt, ohne, dass dies der Wirksamkeit der Dr.-Best-Werbung irgendwie einen Abbruch getan hätte.

Die klassische Autoritätshörigkeit in Form des Glaubens an Uniformen mag nicht mehr die große Rolle spielen, wie im wilhelminischen Deutschland, oder gar in der Nazizeit. Das bedeutet aber keineswegs, dass der Glaube an Autoritäten aller Art abgenommen hat. Heute ist es mehr und mehr der Expertenstatus, der in den Augen der Öffentlichkeit Autorität verleiht. Und dieses Prinzip des Expertenstatus begegnet uns heute fast überall, wo ein Produkt an den Mann gebracht werden soll, oder wir sonst in irgendeiner Weise beeinflusst werden.

Auch in der Politik spielen Experten eine wichtige Rolle. Geht es beispielsweise um Themen wie den Klimawandel, so müssen immer eine Menge Wissenschaftler und sonstige Experten dazu herhalten, den jeweiligen Standpunkt zu bestätigen und der eigenen Position Nachdruck zu verleihen. Ärzte und Anwälte hängen sich bewusst ihre Diplome und Urkunden an die Wände ihrer Praxen und Büros, weil dies Autorität verleiht und Besucher beeindruckt.

Der Glaube an Experten spielt eine immer größere Rolle. Wahrscheinlich liegt das auch an der zunehmenden Ausbreitung neuer Informationstechnologien. Wir erhalten immer mehr Informationen, deren Richtigkeit wir nicht selbst überprüfen können, weil uns das erforderliche Fachwissen oder praktische Erfahrung mit dem betreffenden Thema fehlen. Experten sollen für uns entscheiden, was richtig und falsch ist. Dabei ist in den letzten Jahren eine fast schon blinde Expertengläubigkeit entstanden. Mittlerweile muss dafür oftmals gar kein leibhaftiger Experte mehr präsentiert werden.

Oft reicht schon die bloße Behauptung, das etwas von Experten befürwortet oder abgelehnt wird, um einer Botschaft gesteigerte Glaubwürdigkeit zu verleihen. Zusätzliches Gewicht bekommt eine Aussage, wenn zudem noch genaue Prozentzahlen angeführt werden.

Beispiel: „Experten der WHO warnen vor der weltweit zunehmenden Fettleibigkeit. Bereits 25 Prozent der Weltbevölkerung leidet unter Übergewicht."

Was das Gesetz der Autorität für Sie bedeutet

Wie genau können Sie sich vor Manipulation durch das Gesetz der Autorität schützen? Und wie genau können Sie es anstellen, sich selbst dieses Gesetz zu Nutze zu machen?

Zunächst einmal sollten Sie die Glaubwürdigkeit von Experten und Autoritätspersonen generell in Frage stellen. Lassen Sie sich nicht von einem Doktortitel, einem weißen Kittel oder einer Uniform blenden. Auch ein Maßanzug bedeutet noch lange nicht, dass sein Träger deswegen glaubwürdig ist oder es gut mit Ihnen meint. Ganz besonders gilt das für Krawattenträger. Die Krawatte ist bei den meisten Menschen aus unserem Kulturkreis als Symbol der Autorität im Unterbewusstsein verankert. Deswegen wird dieses Kleidungsstück auch von allen Menschen genutzt, die uns von Berufs wegen beeinflussen wollen und die darauf angewiesen sind, Seriosität und Autorität auszustrahlen: Politiker, Banker, Geschäftsleute, Verkäufer und Vertreter aller Art. Die Krawatte ist auch Bestandteil der meisten Uniformen - sicherlich kein Zufall. Hinterfragen Sie immer die Position der vermeintlichen Autorität. Im Zweifel stellen Sie sich die betreffende Person einfach nackt vor.

Selbstverständlich können Sie den Spieß auch umkehren. Wenn Sie selbst andere Menschen beeinflussen wollen, kann es sinnvoll sein, wenn Sie sich selbst einen Expertenstatus zulegen. Egal, ob Sie im Internet Produkte verkaufen wollen, ein Büro als Immobilienmakler betreiben oder Beratungsdienstleistungen jeglicher Art anbieten: In allen diesen Fällen ist es sinnvoll, wenn Sie sich selbst einen Expertenstatus verleihen, mit dem Ihr Wort mehr Gewicht bekommt und Sie sich in den Augen Ihrer Mitmenschen selbst ins rechte Licht setzen.

Es gibt viele Wege, um einen solchen Expertenstatus zu erreichen. Wenn Sie sich zum Beispiel im Internet als Experte auf einem bestimmten Gebiet positionieren wollen, können Sie mit einem Blog, dem Schreiben von Fachartikeln und dem Veröffentlichen von Buchtiteln auf Amazon Ihren Expertenstatus unterstreichen. Diesen Expertenstatus zu erreichen, ist eine der wirkungsvollsten Möglichkeiten überhaupt, um Ihre eigene Autorität zu steigern und Ihren eigenen Worten wesentlich mehr Gewicht zu verleihen. Schaffen

Sie es, in einem bestimmten Gebiet als Experte anerkannt zu werden, dann wird Ihnen dort lange Zeit niemand mehr etwas vormachen können.

2.4 Das Gesetz der Sympathie

Es ist eine Tatsache, dass wir gegenüber Menschen, die wir mögen, eher zu Zugeständnissen bereit sind, als gegenüber solchen, denen wir neutral oder ablehnend gegenüberstehen. Es kann daher auch nicht weiter überraschen, dass die Manipulationsprofis zunächst einmal versuchen, Sympathie aufzubauen. Sympathie kann auf unterschiedliche Weise erzeugt werden. Schon gutes Aussehen und vorteilhafte Kleidung tragen massiv dazu bei, die Umwelt zugunsten einer Person zu beeinflussen und Sympathie zu erzeugen.

Eine einfache Methode, die von Verkäufern und Vertretern regelmäßig angewendet wird, ist das sogenannte Spiegeln. Wir mögen Menschen, die uns bis zu einem gewissen Grad ähnlich sind. Darauf basiert die Technik des Spiegelns. Der Manipulator bemüht sich dabei, der zu manipulierenden Person gegenüber möglichst vertraut und sympathisch zu wirken. Das geschieht zum Beispiel, indem er ähnliche Kleidung trägt (nur ein klein wenig besser in der Qualität). Er passt seine Sprechweise und seine ganze Kommunikation dem Stil und Tempo seines Gegenübers an und versucht, so gut es geht, ein Vertrauensverhältnis aufzubauen.

Es gibt noch weitere Möglichkeiten, um Sympathie aufzubauen und ein Vertrauensverhältnis zu schaffen. Wir neigen dazu, Menschen, denen wir regelmäßig ausgesetzt sind und mit denen wir dabei keine unangenehmen Erfahrungen machen, irgendwann sympathisch zu finden, und ihnen mit einer positiven Grundeinstellung gegenüber zu treten. In diesem Fall ist schlichte Gewöhnung der Schlüssel zu einer gewissen Vertrautheit und schließlich zum Aufbau von Sympathie.

Gelingt dies, und der Manipulator schafft es, Sympathie aufzubauen, dann ist die Wahrscheinlichkeit sehr groß, dass die beeinflusste Person am Ende seinen Bitten und Wünschen nachkommt. Das Gesetz der Sympathie wird aber nicht nur im persönlichen Kontakt von Mensch zu Mensch angewendet. Auch in der Werbung kommt es in großem Stil zum Einsatz und findet umfassende Anwendung. Eine beliebte Technik ist es, Prominente, die sich einer allgemeinen großen Beliebtheit erfreuen, als Werbebotschafter für ein Produkt einzusetzen. Dabei muss das Produkt mit dem Prominenten nicht das Geringste zu tun haben. Die Werbestrategen setzen einfach darauf, dass der Nimbus des Stars und dessen positive, sympathische Ausstrahlung auf das Produkt abfärben, und wir das Produkt mit dem sympathischen Prominenten assoziieren, was den Widerstand gegen einen Kauf verringern soll. Abhängig davon, was für ein Prominenter zum Einsatz kommt, kann hier auch das Gesetz der Autorität gleichzeitig mit zur Anwendung kommen. Es gibt unzählige Beispiele für die Anwendung dieser Technik. So hat der ebenso bekannte, wie beliebte, Fernsehmoderator Thomas Gottschalk über Jahre Werbung für die Gummibärchen der Firma Haribo gemacht. Ein aktuelleres Beispiel ist der Einsatz des Schauspielers George Clooney für die Vermarktung der Kaffeekapseln der Firma Nestlé.

Dabei müssen es nicht immer Prominente sein. Auch Tiere sind als Sympathieträger geeignet und so greifen Umweltschutzorganisationen, die Spenden sammeln wollen, gerne zu Bildern von Tieren, die von der Mehrzahl der Menschen als sympathisch empfunden werden: Pandabären, Eisbären, bunte Fische und Vögel, Elefanten, Pinguine und Delfine. Greenpeace setzt aktuell bei seiner Kampagne gegen Billigfleisch der Firma Lidl auf Bilder von glücklichen Hausschweinen. Zu den stärksten Sympathieträgern unter den Tieren gehören zweifellos Pandabären. Es gibt kaum Menschen, die keine Pandabären mögen. Kein Wunder, dass der WWF dieses Tier zu seinem Logo gemacht hat. Die chinesische Regierung hingegen, verwendet Pandas ganz gezielt als Staatsgeschenke der besonderen Art und nutzt damit sowohl das Gesetz der Sympathie, wie das Gesetz der Gegenseitigkeit, gemeinsam auf eine sehr geschickte Weise.

Wie Sie mit dem Gesetz der Sympathie richtig umgehen

Es ist gar nicht so leicht, sich gegen den Einfluss dieses Gesetzes zu wehren. Wenn uns jemand sympathisch ist, dann vermittelt der Umgang mit der Person ein angenehmes Gefühl und unsere Abwehrbereitschaft wird unterhöhlt. In solchen Situationen sollten Sie Ihre Aufmerksamkeit von der sympathischen Person weg und stattdessen auf das Produkt, den Gefallen, oder worum immer es geht, wenden, und diese Sache mit nüchternem Blick unter die Lupe nehmen. So sind zum Beispiel Kaffeekapseln zwar praktisch und der so hergestellte Kaffee schmeckt in der Regel auch gut, aber dennoch hat dieses Produkt Schattenseiten: Es ist so ziemlich die teuerste Form Kaffee zu kaufen und eine extrem energieaufwändige und rohstoffintensive – und somit umweltschädliche – Verpackung. Seit der Einführung der Kaffeekapseln fallen Abermillionen leerer Kapseln als zusätzlicher Müll an, der aufwändig recycelt werden muss, während bei der herkömmlichen Kaffeebereitung nur die biologisch abbaubare Filtertüte und der Kaffeesatz als Abfall entstehen. Hier wird also auf fragwürdige Weise der Schauspieler George Clooney eingesetzt, um den Kaffeekapseln einerseits ein sympathisches, andererseits auch ein besonders hochwertiges Image zu verleihen.

Der Autor dieser Zeilen würde sogar so weit gehen und grundsätzlich keine Produkte kaufen, die von Prominenten beworben werden. Zum einen kassieren die Prominenten ein Vermögen für ihre Werbeauftritte – ein Vermögen, dass wir alle über den Preis des Produktes bezahlen. Zum anderen kann es mit der Qualität eines Produktes, das prominente Fürsprecher benötigt, nicht allzu weit her sein. In diesem Zusammenhang sei auch an die Vermarktung der Telekom-Aktie Ende der neunziger Jahre durch den mittlerweile verstorbenen Schauspieler Manfred Krug erinnert. Hunderttausende von Anlegern ließen sich auch dank Manfred Krugs Werbespot im Fernsehen auf den Kauf der Telekomaktie ein – zu einem Zeitpunkt, als das Papier bereits maßlos überteuert war, und der Preis bereits unrealistische Höhen erreicht hatte. Dieses Investment wurde für viele der Anleger zu einer verlustreichen Erfahrung. Und auch Manfred Krugs Image hatte seinerzeit echten Schaden genommen und der Schauspieler im Nachhinein sein Engagement in dieser Sache bitter bereut.

Konzentrieren Sie sich auf das eigentliche Produkt und ignorieren Sie die Werbebotschafter in Form von Stars, Tieren oder niedlichen Kindern, die an Ihre Emotionen appellieren und Sie vom selbstständigen Denken abhalten sollen.

Selbstverständlich können und sollen Sie das Gesetz der Sympathie auch zu Ihren Gunsten nutzen, in dem Sie selbst versuchen, auf andere Menschen so gewinnend und sympathisch zu wirken, wie möglich. Neben einem tadellosen äußeren Erscheinungsbild gibt es noch einige zusätzliche Stellschrauben, an denen Sie drehen können:

Machen Sie kleine Komplimente, ohne dass es platt und berechnend wirkt. Seien Sie ein guter Zuhörer. Es mangelt in unserer Welt an guten Zuhörern, weil alle mit sich selbst beschäftigt sind. Sie können häufig schon die Sympathie anderer Menschen gewinnen, in dem Sie ihnen einfach aufmerksam zuhören. Versuchen Sie, wann immer es möglich ist, nicht zum Überbringer schlechter Nachrichten zu werden. Auch, wenn Sie selbst mit der schlechten Botschaft gar nichts zu tun haben. Zum Überbringer schlechter Nachrichten zu werden, hat einen äußerst negativen Einfluss auf Ihre Sympathiewerte. Sie werden automatisch mit der Unglücksbotschaft assoziiert und bei künftigen Begegnungen immer wieder die Erinnerung daran wachrufen, ob Sie wollen oder nicht.

Mit guten Nachrichten verhält es sich, wie nicht anders zu erwarten war, genau umgekehrt.

2.5 Das Gesetz des Herdentriebs

Das Gesetz des Herdentriebs – oder auch das Gesetz der sozialen Akzeptanz – ist leicht zu verstehen. Menschen haben einen ausgeprägten Herdentrieb. Wir orientieren uns an anderen Menschen, wenn wir Entscheidungen treffen. Wenn wir sehen, dass andere Menschen mehrheitlich eine bestimmte Entscheidung getroffen haben, dann neigen Menschen dazu, sich der Mehrheit anzuschließen. Kaum jemand stellt sich gerne gegen die Mehrheit. Fast alle Menschen ziehen es vor, mit der Masse zu schwimmen und richten ihr Verhalten und ihre Entscheidungen an den Menschen in ihrer Umgebung aus. Wir orientieren uns in bestimmten Situationen an dem Verhalten von Menschen in unsrer Umgebung.

Nehmen wir an, Sie sind in einer fremden Stadt und möchten ein Café besuchen. Sie haben zwei Cafés in derselben Straße. Eines ist ziemlich voll, das andere ist leer und wird von den meisten Menschen offensichtlich gemieden. Für welches Café würden Sie sich entscheiden? Für das, das offensichtlich großen Zuspruch findet und einen regen Publikumsverkehr aufweist? Oder für das verwaiste, offensichtlich wenig beliebte Café? Die meisten Menschen in dieser Situation werden sich für das gut besuchte Café entscheiden, in der Hoffnung hier zusammen mit der Mehrheit der Cafébesucher die bessere Wahl getroffen zu haben.

Am besten funktioniert das Gesetz in einer Situation allgemeiner Unsicherheit. Wenn Menschen sich nicht sicher sind was sie tun sollen, dann richten sie sich in ihren Entscheidungen automatisch am Verhalten anderer Menschen aus.

Geschickte Führungspersönlichkeiten können in solchen Situationen allgemeiner Ungewissheit ganze Menschenmassen in ihrem Sinne beeinflussen. Gelingt es der Führungskraft, einige Menschen aus der verunsicherten Masse in ihrem Sinne zu beeinflussen, dann ist die Wahrscheinlichkeit groß, dass am Ende zahlreiche andere Menschen dem Beispiel der beeinflussten Personen folgen und sich schließlich die gesamte Masse in die gewünschte Richtung bewegt.

Im Marketing macht man von diesem Gesetz bereits seit Langem Gebrauch und veröffentlicht zum Beispiel sogenannte Testimonials, Erfahrungsberichte, von möglichst vielen zufriedenen Kunden, um ein

Produkt erfolgreich an den Mann oder die Frau zu bringen. Je mehr zufriedene Erfahrungsberichte und je authentischer die Berichte (möglichst mit Foto, vollständigem Namen und Wohnort des Kunden), desto größer ist der Erfolg und desto stärker die verkaufsfördernde Wirkung. Wenn wir sehen, dass bereits eine große Zahl anderer Menschen ein Produkt gekauft hat und die Mehrzahl der Kunden offenbar mit dem Produkt zufrieden ist, dann hat das eine ausgesprochen überzeugungsfördernde Wirkung.

Das Gesetz des Herdentriebs funktioniert aber auch auf einer viel allgemeineren und unpersönlichen Ebene, nämlich, wenn die Medien ins Spiel kommen. Es gibt beunruhigende Erkenntnisse darüber, dass schon durch das bloße Berichten über Verbrechen in den Medien, Menschen zu Nachahmungstätern werden. Wenn eine Zeitung oder ein Radiosender ständig darüber berichtet, wie risikolos Einbrüche in Tankstellen sind, und über jeden Einzelfall detailliert berichten, dann wird es gar nicht lange dauern, bis die Zahl der Tankstelleneinbrüche tatsächlich ansteigt. Und das funktioniert nicht nur bei Meldungen über alle möglichen Verbrechen. Beunruhigender Weise steigt sogar die Zahl der Selbstmorde, wenn eine Zeitung oder ein Fernsehsender ausgiebig über das Thema berichten. Wenn zum Beispiel regelmäßig darüber berichtet wird, dass immer mehr junge Menschen Selbstmord begehen, indem sie sich vor einen Zug werfen, dann lässt sich nach einer entsprechenden Berichterstattung tatsächlich ein Anstieg der Selbstmorde mittels Sprung vor den Zug feststellen. Es ist also tatsächlich möglich, mittels der Medien, Ereignisse herbeizuschreiben, denn dieser Effekt tritt natürlich auch dann auf, wenn die betreffenden Ereignisse, über die berichtet wird, völlig frei erfunden sind. Es ist also tatsächlich möglich, mit Hilfe der Medien, die Realität zu verzerren und Ereignisse herbeizuführen, die es ohne die entsprechende Berichterstattung nicht gegeben hätte. Die Journalisten tragen hier also sehr viel mehr Verantwortung, als es ihnen wahrscheinlich bewusst ist.

Das Gesetz des Herdentriebs kommt auch auf einer ganz anderen Ebene zur Wirkung. Man hat festgestellt, dass, solange es in einem Viertel keinerlei Graffiti gibt, die Hemmschwelle sehr hoch ist, Wände zu besprühen. Ist allerdings erst einmal die Hemmschwelle überwunden und jemand hat ein erstes Graffiti gesprüht, dann dauert es nicht mehr lange, bis sich zu dem zuerst gesprühten Graffiti weitere „Kunstwerke“ dieser Art gesellen – sehr zum Missfallen der betroffenen Hauseigentümer. Das beste Mittel gegen Graffiti ist es also, die Umgebung von vornherein frei von gesprühten Verunstaltungen jeglicher Art zu bewahren. Am besten ist es, eventuell gefundene Graffitis nach Möglichkeit noch am selben Tag wieder zu beseitigen. Auf diese Weise kann man von vornherein verhindern, dass das Gesetz des Herdentriebs in Kraft tritt.

Einen ganz ähnlichen Mechanismus gibt es auch bei herumliegenden Müll und Sachbeschädigungen. Hat erst einmal jemand damit angefangen, Abfälle neben einer überquellenden Mülltonne zu deponieren, so dauert es nicht lange, bis dieser anfangs kleine Haufen zu wachsen beginnt, weil immer Menschen ihre Abfälle dazu stellen – obwohl die Unrechtmäßigkeit dieses Vorgehens allen klar sein muss. Auf ähnliche Weise können sich auch in der freien Natur plötzlich wilde Müllkippen bilden. Wenn erst einmal jemand das Verbot, Abfälle auf diese Weise zu entsorgen, missachtet hat, so dauert es nicht lange, bis bei immer mehr Menschen die soziale Hemmschwelle fällt.

Die Machthaber des Stadtstaates Singapur wissen über diese psychologischen Mechanismen offenbar sehr genau Bescheid und sind entschlossen, ihren Staat sowohl frei von herumliegendem Müll, als auch von Graffiti zu halten. Beides wird in dem reichen und hochentwickelten Kleinstaat ziemlich drakonisch bestraft. Für das Anbringen von Graffiti ist in schweren Fällen sogar eine Prügelstrafe vorgesehen. Ansonsten müssen Delinquenten mit hohen Geldbußen und Arbeitsauflagen rechnen. Der Erfolg dieser drakonischen Maßnahmen ist durchschlagend. Singapur ist eines der saubersten und sichersten Länder der Welt.

Das Gleiche funktioniert auch auf einer anderen Ebene. Wissenschaftler haben sich schon immer gewundert, warum es so lange dauert, dass nach einem offensichtlich schweren Unfall, Leute anhalten und helfen. Selbst, wenn das Fahrzeug brennt, ist die Bereitschaft des einzelnen zu helfen, erschreckend gering. Erst, nachdem bereits ein Helfer das Gesetz des Handelns in die Hand genommen hat, raffen sich dann auch weitere Leute dazu auf, ihre Hilfe anzubieten.

Wie Sie richtig mit dem Gesetz des Herdentriebs umgehen
Auch dieses Gesetz ist sehr mächtig. Wenn Sie in einer Situation verunsichert sind und nicht wissen, was Sie tun sollen, dann schauen Sie nicht nur auf die Reaktionen der Menschen in Ihrer Umgebung, sondern machen Sie sich eigene Gedanken. Sie können in einer Situation allgemeiner Unsicherheit auch selbst die Führung übernehmen und andere Menschen dazu bringen, Ihnen zu folgen. Eine feste Stimme und selbstsicheres Auftreten sind oft alles, was dazu nötig sind.

Machen Sie sich immer klar, dass die Mehrheit keineswegs immer die richtige Entscheidung trifft, und dass es im Zweifel immer besser ist, den eigenen Verstand zur Entscheidungsfindung zu benutzen, als blind anderen Menschen hinterher zu trotten, die ihrerseits selbst nicht wissen, was sie tun und warum sie es tun.

Treffen Sie Ihre eigenen Entscheidungen und ignorieren Sie den Zug der Lemminge, die blindlings dem Herdentrieb folgen. Selbst, wenn das den Sprung von der Klippe ins Meer bedeutet.

2.6 Das Gesetz der Konsistenz

Es ist eine eigenartige Sache. Wir haben das Bedürfnis, zum einen unsere Entscheidungen vor uns selbst zu rechtfertigen. Zum anderen möchten wir nach außen, anderen Menschen gegenüber, konsequent wirken. Das hat zur Folge, dass Menschen dazu neigen, einmal getroffene Entscheidungen zu rechtfertigen und rational zu begründen. Wir wollen in Worten, Taten und Überzeugungen konsistent und konsequent erscheinen.

Es gibt verschiedene Möglichkeiten, um dieses Gesetz zur Manipulation zu nutzen. Wenn es zum Beispiel gelingt, jemanden zu der Aussage zu bewegen, dass der Klimawandel eine große Bedrohung ist, und dass jeder einzelne etwas dagegen tun muss, dann ist die Wahrscheinlichkeit recht groß, dass derjenige eine gesteigerte Bereitschaft hat, sich mit dem Angebot eines Dämmstoffherstellers zu befassen. Ein anderes Beispiel aus den USA: Man hat zwei Gruppen von Hauseigentümern im Rahmen einer Kampagne für sicheren Straßenverkehr gefragt, ob man in ihrem Vorgarten eine große Reklametafel mit einem Plakat, das an die Anschnallpflicht erinnert, aufstellen darf. Eine Gruppe wurde direkt gefragt, ohne irgendeine vorbereitende Maßnahme.

Die Ablehnung in dieser Gruppe fiel sehr hoch aus. Kaum jemand war dazu bereit, die Reklamewand in seinem Garten zu dulden. Mit der anderen Hälfte der Hausbesitzer wurde zuvor ein Gespräch geführt, in dem diese bestätigt haben, dass die Initiative für mehr Sicherheit im Straßenverkehr eine gute und unterstützenswerte Sache ist. Die betreffenden Personen waren außerdem dazu bereit gewesen, ein kleines Schild mit dem Anschnall-Slogan in eines ihrer Fenster zu hängen, oder einen kleinen Aufkleber an ihrem Wagen anzubringen. Es stellte sich heraus, dass bei dieser Gruppe die Bereitschaft anschließend auch dem Aufstellen der Reklametafel zuzustimmen, wesentlich ausgeprägter war, als bei der ersten Kontrollgruppe.

Hier war das Gesetz der Konsistenz in Reinkultur am Werk. In der deutschen Sprache gibt es das schöne Sprichwort: „Wer „A" sagt, muss auch „B" sagen", dass die Wirkungsweise des Gesetzes der Konsistenz auf überaus treffende Weise in wenigen Worten beschreibt. Die Versuchspersonen hatten sich darauf festgelegt, die Initiative unterstützenswert und sinnvoll zu finden, und waren bereits mit dem kleinen Schild oder dem Aufkleber ein kleines Zugeständnis eingegangen. Jetzt hatten sie das Bedürfnis, diese Entscheidung vor sich selbst zu rechtfertigen, und sie nach außen aufrecht zu erhalten. So haben sie schließlich auch dem Bau der großen Reklametafel in ihrem Garten zugestimmt.

Wir sehen also, dass zunächst das Eingehen eines kleinen Zugeständnisses dazu führt, dass die betreffende Person später dazu bereit ist, in der gleichen Sache weitaus höhere Zugeständnisse machen. Warum? Um den Anschein von Konsequenz und Kontinuität aufrecht zu erhalten.

Je öffentlicher ein Standpunkt ist, umso größer sind die Anstrengungen, die in Sachen Konsequenz gemacht werden, da es den meisten Menschen stark widerstrebt, eine einmal öffentlich verkündigte Meinung zu korrigieren. (Aus diesem Grund wurden die Versuchspersonen im Beispiel mit den Reklametafeln, zunächst dazu überredet, ihre Unterstützung zu der Verkehrssicherheitskampagne mit kleinen Fensterschildern oder Aufklebern öffentlich auszudrücken).

Eine andere Variante des Gesetzes ist die sogenannte Verzerrung. Zunächst einmal wird dem Opfer ein unwiderstehliches Angebot gemacht: „Wenn Sie den Staubsauger kaufen, bekommen Sie ein iPhone gratis dazu“. Nachdem das Opfer auf das Angebot eingegangen ist, bedauert der Verkäufer wortreich, dass die iPhones leider gerade ausgegangen sind, und bietet dem Kunden stattdessen ein anderes, wesentlich minderwertigeres Gerät an. In den meisten Fällen wird der Kunde nicht vom Kauf zurücktreten, weil er die einmal getroffene Entscheidung aufrechterhalten will.

Das Gesetz der Konsistenz kann eine ausgesprochen heimtückische Wirkung haben, denn Menschen lassen sich dadurch zu Handlungen und Entscheidungen drängen, die sie so normalerweise aus freien Stücken nie getroffen hätten. Einzig und allein das Gefühl, dass, wer „A“ sagt, auch „B“ sagen muss, nötigt uns teilweise zu abstrusen Handlungen, die für uns in Wirklichkeit sehr nachteilig sind.

Wie sich gegen Manipulation durch das Gesetz der Konsistenz schützen

Es ist nicht ganz einfach, sich wirksam gegen eine Manipulation durch das Gesetz der Konsistenz zu schützen. Hinterfragen Sie kritisch Ihre früheren Entscheidungen. Fragen Sie sich, ob Sie die gleiche Entscheidung mit Ihrem heutigen Wissensstand wirklich wieder genauso treffen würden, oder ob Sie angesichts Ihrer aktuellen Erkenntnisse nicht doch anders vorgehen würden. Schrecken Sie nicht davor zurück, Ihre Haltung im Zweifel zu korrigieren. Beständigkeit ist generell eine positive Eigenschaft, aber nicht immer und um jeden Preis.

Hören Sie auf Ihr Bauchgefühl! Wenn Sie sich nicht wohl mit einer Entscheidung fühlen, dann hören Sie auf Ihr Bauchgefühl und hinterfragen Sie die Entscheidung. Übrigens ist es eine der besten Abwehrmaßnahmen, dem Manipulator direkt mit seinen Absichten zu konfrontieren und ihm direkt ins Gesicht zu sagen, was Sie davon halten.

2.7 Das Kontrastgesetz

Das Kontrastgesetz, ist das Letzte der sieben Gesetze der Manipulation. Es beruht im Wesentlichen auf einer Wahrnehmungsverzerrung. Wir neigen dazu, zwei recht verschiedene Dinge, die uns zusammen vorgestellt werden, als „unterschiedlicher" wahrzunehmen, als sie tatsächlich sind. Die gleiche Sache kann in Abhängigkeit von der Art des Ereignisses, das vorangeht, anders wahrgenommen werden. Was bedeutet das?

Wenn wir zwei Produkte in einer unterschiedlichen Preislage haben, nehmen wir zum Beispiel an, zwei Armbanduhren, dann kommt es zu einer interessanten psychologischen Wirkung. Wird einem Kunden zuerst die billigere Uhr präsentiert und im Anschluss die teurere, so wirkt die teure Uhr durch das Kontrastprinzip mit der billigen Uhr noch teurer, als sie ohnehin schon ist.

Präsentiert man dagegen dem Kunden zunächst die teure Uhr und anschließend die billige, so wird die billige Uhr durch den voran gegangenen Kontrast noch billiger wirken. Man kann auf diese Weise Kaufentscheidungen steuern und herbeiführen.

Nehmen wir an, wir verkaufen ein digitales Produkt im Internet zum Download. Wir haben drei verschiedene Varianten zur Auswahl: Ein extrem abgespecktes Paket für 49 Euro, dem wichtige Features fehlen, und das trotz des günstigen Preises nur eingeschränkten Nutzen für den Kunden hat. Außerdem ein Produkt in einer mittleren Preislage von 99 Euro und ein Premiumprodukt für 299 Euro, das zusätzlich ein persönliches Coaching enthält. Die meisten Kunden werden sich für das 99-Euro-Produkt entscheiden, besonders wenn es zusätzlich noch als „best value" oder „meistverkauft" ausgezeichnet wird. (Hier kommt dann auch das Gesetz des Herdentriebs zum Tragen). Das billige Produkt schreckt ab, weil offensichtlich wichtige Features fehlen und der Kunde den Eindruck hat, keinen adäquaten Gegenwert zu bekommen. Das hochpreisige Produkt ist so teuer, dass das mittelpreisige Produkt automatisch wie eine gute Alternative wirkt. Manche Anbieter bieten extra ein besonders hochpreisiges Paket an, mit dem Hintergedanken, damit den Absatz des mittleren Paketes zu fördern, das dadurch automatisch preiswerter und vorteilhafter wirkt.

Auch Immobilienmakler nutzen die Wirkung des Gesetzes des Kontrasts. Sie zeigen einem Kunden zunächst ein völlig heruntergekommenes Objekt zu einem überhöhten Preis. Anschließend ein Haus in gutem Zustand aber zu einem exorbitant hohen Preis. Und schließlich ein Haus in durchschnittlichem Zustand, zu einem immer noch stattlichen Preis, der jedoch wesentlich geringer ist, als der Preis des Hauses, das zuvor besichtigt wurde. Das letzte Angebot wirkt dann für den Kunden wesentlich preiswerter und attraktiver, als es eigentlich ist. Wir müssen etwas Aufmerksamkeit an den Tag legen, denn das Kontrastgesetz wird nahezu überall angewendet, wo etwas verkauft wird und wo versucht wird, etwas besonders günstig erscheinen zu lassen. Es kann natürlich auch andersherum angewandt werden. Will man zum Beispiel einem Angestellten eine Belohnung zukommen lassen, so lässt man ihm zunächst eine sehr bescheidene Vergünstigung zukommen, die sich hart an der Grenze zur Schäbigkeit bewegt, und lässt erst darauf die eigentliche Belohnung folgen, die dann im Vergleich zu der ersten Vergünstigung wesentlich glanzvoller wirkt, als dies unter normalen Umständen der Fall gewesen wäre.

Das Kontrastgesetz funktioniert auch umgekehrt. Nehmen wir an, Ihr Chef will Ihnen eine wirklich unangenehme Arbeit aufhalsen, die eigentlich eine Zumutung darstellt. Bevor er Ihnen den eigentlichen Job aufhalst, gibt er Ihnen erst einmal eine Anweisung, die Sie eigentlich nur ablehnen können. Zum Beispiel, Ihren beantragten und lange genehmigten Urlaub wieder aufzuheben und stattdessen einen Sonderauftrag auszuführen. Wenn Sie dieses Ansinnen zurückweisen, wird er dann mit der eigentlichen Aufgabe kommen (Überstunden am Freitagabend.). Weil Sie ja gerade eben eine viel größere Zumutung abgelehnt haben, kommen Ihnen die Überstunden plötzlich nicht mehr so dramatisch vor.

Oder vielleicht haben auch Ihre Eltern Ihnen gegenüber in Ihrer Kindheit die Kontraststrategie angewendet. Sie wurden vor die Wahl gestellt, entweder den ganzen Tag im Garten Unkraut zu jäten oder das Zimmer aufzuräumen…

Auch Politiker arbeiten gerne mit dem Kontrastgesetz. Wenn neue Gesetze geplant werden, lässt man oft erst einmal eine extreme Version eines Gesetzes an die Öffentlichkeit gelangen. Wenn sich dann Entrüstung legt, wird es eine entschärfte Version.

Wie Sie sich vor dem Kontrastgesetz schützen können
Sich vor dem Kontrastgesetz zu schützen, ist nicht einfach, da unser Gehirn automatisch Bewertungen durchführt, wenn es verschiedene Dinge nebeneinander sieht. Weil das Kontrastgesetz so gut funktioniert und zudem sehr unauffällig wirkt, ist es gar nicht so einfach, sich immer seiner Wirkung zu entziehen. Es kommt fast überall zum Einsatz, wo etwas verkauft wird und verschiedenpreisige Waren zusammen präsentiert werden. Wenn Sie die Wahl zwischen mehreren Angeboten in unterschiedlicher Preislage haben, dann fragen Sie sich, ob hier gerade das Kontrastgesetz eingesetzt wird, um Sie zu einem bestimmten Verhalten zu bewegen und Ihnen ein ganz bestimmtes Angebot schmackhaft zu machen. Die Sache ist nicht immer auf Anhieb zu durchschauen und es kann sein, dass Ihnen das eine oder andere

Mal der Einsatz des Kontrastgesetzes einfach nicht auffällt. Sie werden nach und nach aber Übung darin entwickeln, den Einsatz dieser Technik zu enttarnen.

Versuchen Sie, die Dinge einzeln für sich zu betrachten und konzentrieren Sie sich dabei nur auf das Angebot, das Sie wirklich interessiert, und blenden Sie die anderen Teile in Ihrem Bewusstsein aus. Hinterfragen Sie dann das Angebot noch einmal systematisch und stellen Sie sich die Frage, ob der Preis wirklich so günstig ist, wie er im ersten Moment gewirkt hat. Wenn Sie verstanden haben, wie das Kontrastgesetz funktioniert, sollte es außerdem ein Leichtes sein, sich dieses Gesetz selbst zu nutzen zumachen.

3. Zusammenfassung

Im Folgenden haben wir noch einmal alle sieben Manipulationsmethoden in einer Übersicht für Sie zusammengefasst. Verinnerlichen Sie alle sieben Techniken noch einmal. Es ist wichtig, sich jederzeit aller sieben Varianten bewusst zu sein, wenn Sie sich effektiv vor ungewollter Beeinflussung schützen wollen.

1. Das Gesetz der Gegenseitigkeit

- Wir fühlen uns verpflichtet, uns für empfangene Gefälligkeiten zu revanchieren.
- Selbst ungebetene Gefälligkeiten erzeugen diese Wirkung.
- Wir können selbst Zugeständnisse machen, um den Spieß umzudrehen und unser
  Gegenüber unter Druck setzen, die Gefälligkeit zu erwidern.

Abwehrmöglichkeit: Die Gefälligkeit / das Geschenk annehmen und sich bewusstmachen, dass es sich um eine versuchte Manipulation handelt. Oder, wenn Ihnen sonst zu unwohl damit ist: Das Geschenk höflich zurückweisen. Besonders, wenn es sich um ein ungebetenes Geschenk von Fremden handelt ist das die beste Option, weil gar nicht erst Druck aufgebaut werden kann und das Gesetz der Gegenseitigkeit so wirkungslos verpufft.

2. Das Gesetz der Knappheit

- Dingen, die tatsächlich oder scheinbar knapp sind, messen wir einen höheren Wert bei, als solchen, die unbegrenzt verfügbar sind.
- Besonders gilt das, wenn wir mit anderen Personen um diese Güter konkurrieren.

Abwehrmöglichkeiten: Die eigene Erregung runterkühlen, die Sache nüchtern durchdenken. In den meisten Fällen ist weder die Knappheit wirklich so groß, noch das Produkt wirklich wichtig. Besser, Sie vergleichen zu Hause in Ruhe die Preise bei verschiedenen Anbietern im Internet und suchen sich dann gezielt das beste Angebot heraus. Lassen Sie sich niemals vom Gesetz der Knappheit unter Zeitdruck setzen und zum Handeln zwingen – kein Angebot ist das wert. Meistens werden solche Spontankäufe später bereut.

3. Das Gesetz der Autorität

- Menschen neigen dazu, tatsächlichen oder vermeintlichen Autoritäten und Experten zu folgen.
- Der Autoritätsstatus kann zum Beispiel durch entsprechende Kleidung, wie Uniform oder Maßanzug, hergestellt werden. Aber auch ein akademischer Grad, oder die schlichte Behauptung, dass jemand „Experte" für irgendetwas ist, kann manchmal schon ausreichen.

Abwehrmöglichkeiten: Hinterfragen Sie Autoritäten immer, egal in welchem Gewand oder Kostüm sie auftreten. Uniformen, weißer Arztkittel, Maßanzug – alle diese Dinge können unser Urteilsvermögen drastisch beeinträchtigen und sollten immer hinterfragt werden. Experten verfolgen womöglich keine uneigennützigen Interessen und können gekauft sein.

4. Das Gesetz der Sympathie

- Wir neigen dazu, Menschen einen Gefallen zu tun, die wir sympathisch finden.
- Die Sympathie, die wir einem Menschen gegenüber haben, kann auf ein Produkt oder eine Kampagne übertragen werden, die damit überhaupt nichts zu tun hat.

Abwehrmöglichkeiten: Begegnen Sie Produkten, die von Prominenten, oder von niedlichen Kindern, Tieren oder bekannten Zeichentrickfiguren beworben werden, grundsätzlich mit Skepsis. Der Autor dieses Buches geht sogar so weit, grundsätzlich keine Produkte zu kaufen, die in aufwändigen Werbespots von Prominenten angepriesen werden. Konzentrieren Sie sich auf das Produkt und denken Sie sich den Prominenten weg. Sind zum Beispiel die Kaffeekapseln ohne den Schauspieler, der sie bewirbt, immer noch so mondän und aufregend? Oder ist es einfach nur eine besonders umweltschädliche Art, Kaffee in Miniportionen, völlig überteuert, zu verkaufen?

5. Das Gesetz des Herdentriebs

- Menschen neigen dazu, sich an anderen Menschen zu orientieren, wenn sie sich unsicher fühlen und nicht wissen, wie sie handeln sollen.
- Wir betrachten ein Verhalten in dem Maß als richtig, wie wir es bei anderen beobachten.

Abwehrmöglichkeit: Aufmerksamkeit bezüglich manipulierter Informationen zum Handeln ähnlicher Personen. Nur, weil Millionen von Lemmingen über die Klippen ins Meer springen, müssen Sie dabei nicht mitmachen. Es ist immer besser, sich nicht von der Masse beeinflussen oder zu unüberlegtem Handeln hinreißen zu lassen.

6. Das Gesetz der Konsistenz

- Wer sich zu einer Sache einmal verpflichtet, tut alles, um dem zu entsprechen (oft auch gegen die eigene Überzeugung).
- Wir wollen in Worten, Überzeugungen und Taten konsistent sein und erscheinen.
- Ein Anreiz kann später auch entfernt werden, ohne, dass es der zuerst gegebenen Verpflichtung schadet.

Abwehrmöglichkeiten: Auf „Signale aus dem Magen" und „dem Grunde unseres Herzens" hören. Meinungen kann man ändern. Und nur, weil Sie einmal „ja" gesagt haben, müssen Sie das beim nächsten Mal nicht wieder tun, wenn Sie ein schlechtes Gefühl dabei haben. Wer „A" sagt muss keineswegs immer auch „B" sagen. Lassen Sie sich nicht vom Gesetz der Konsistenz ins Bockshorn jagen und bleiben Sie in Ihren Ansichten flexibel. Oder, um Bundeskanzler Konrad Adenauer zu zitieren: „Was geht mich mein dummes Gerede von gestern an?"

7. Das Gesetz des Kontrasts

- Wir neigen dazu, verschiedene Dinge als unterschiedlicher wahrzunehmen als sie tatsächlich sind.
- Die gleiche Sache kann in Abhängigkeit von der Art des Ereignisses, das vorausging, anders wahrgenommen werden. Sehr teuer zuerst, dann scheint das (an sich Teurere) „günstig".

Abwehrmöglichkeiten: Lassen Sie sich nicht irritieren und betrachten Sie jedes Produkt für sich. Ohne, sich von den „Vergleichsobjekten" beeinflussen zu lassen. Es ist nicht ganz einfach, aber mit etwas Übung ist das machbar.

4. Praktisches Vorgehen

Kommen wir nun zum praktischen Vorgehen bei der Abwehr von Manipulationsversuchen. Dazu brauchen Sie eine konkrete Strategie, um das neu erworbene Wissen auch praktisch einsetzen zu können. Erwarten Sie nicht, dass Sie mit dem Wissen, dass Sie bis jetzt erlangt haben, schon automatisch vor allen Manipulationspraktiken geschützt sind. Das ist selbstverständlich nicht der Fall. Gut, Sie haben jetzt die theoretische Basis kennen gelernt. Sie wissen jetzt, wie die sieben Gesetze der Manipulation funktionieren, und wo Sie damit rechnen müssen, von einem dieser Gesetze manipuliert zu werden. In der Realität ist Alles wieder einmal deutlich schwieriger. Was sich in der Theorie noch ganz einfach anhört, wird Sie in der Praxis erst einmal gehörig ins Schwitzen bringen. Denn die Praxis ist wesentlich komplexer, als die Theorie. Vielleicht der wichtigste Unterschied: Sie werden selten nur einer Manipulationstechnik ausgesetzt sein. Profis wissen, dass die Techniken, richtig kombiniert, ihre Kräfte vervielfachen, was die Wirkung der sieben Manipulationstechniken noch einmal drastisch erhöht. Gleichzeitig wird es beim Zusammenwirken mehrerer Manipulationstechniken deutlich schwieriger, in der ganzen Angelegenheit den roten Faden und das Ziel der Manipulation zu erkennen.

4.1 Beobachten Sie Ihre Umgebung

Jetzt kommt es darauf an, praktische Erfahrungen zu sammeln. Suchen Sie sich zunächst eine der Manipulationstechniken aus. Am besten eine, die relativ leicht erkennbar ist, wie beispielsweise das Gesetz der Gegenseitigkeit oder das Gesetz der Sympathie. Konzentrieren Sie sich erst einmal nur auf dieses eine Gesetz und beobachten Sie aufmerksam Ihre Umgebung. Versuchen Sie zu erkennen, wo man überall versucht, Sie mit dieser Technik zu beeinflussen. Beobachten Sie Ihre Vorgesetzten, Ihre Arbeitskollegen und Ihre Familienangehörigen, ebenso, wie Werbespots im Fernsehen, im Radio, im Internet. Halten

Sie im Supermarkt und in Shopping-Centern die Augen offen. Machen Sie sich am besten jedes Mal eine kurze Notiz, wenn Ihnen ein Manipulationsversuch auffällt.

Je genauer Sie Ihre Umgebung beobachten und je genauer Sie die verschiedenen Manipulationsversuche registrieren und notieren, desto besser und präziser wird Ihr Beobachtungsvermögen und desto leichter fällt es Ihnen, die Manipulationsversuche zu erkennen und aufzudecken.

4.2 Erarbeiten Sie sich eine funktionierende Abwehrstrategie und setzen Sie sie ein

Wenn Sie schließlich dazu in der Lage sind, die Mehrzahl aller Manipulationsversuche auf Anhieb zu erkennen, beginnen Sie damit, sich eine funktionierende Abwehrstrategie zurechtzulegen, um das betreffende Gesetz der Manipulation auszuhebeln und sich vor seinen Auswirkungen zu schützen. Sie können zum Beispiel damit beginnen, grundsätzlich keine unverlangten Gratisproduktproben und andere fragwürdigen „Geschenke“ mehr anzunehmen, um sich auf diese Weise wirksam vor dem Gesetz der Gegenseitigkeit zu schützen. Oder Sie nehmen diese Dinge weiterhin an, machen sich dabei aber absolut klar, dass die Annahme dieses Geschenks Sie moralisch zu keinerlei Gegenleistungen irgendwelcher Art verpflichtet.

> ***Arbeiten Sie auf diese Weise nach und nach alle sieben beschriebenen Manipulationstechniken ab. Solange, bis Ihnen das Erkennen der Manipulationsversuche in Fleisch und Blut übergegangen ist.***

Sie werden schon nach kurzer Zeit feststellen, dass es nur selten vorkommt, dass eines der sieben Gesetze der Manipulation ganz alleine und unabhängig von den anderen Sechs eingesetzt wird. In der Praxis werden fast immer mehrere Gesetze der Manipulation auf zum Teil raffinierte und psychologisch genau durchdachte Weise, kombiniert. Das macht es nicht eben einfacher, sich der Wirkung dieser Techniken vollständig zu entziehen.

So kommt es zum Beispiel häufig vor, dass das Gesetz der Sympathie und das Gesetz der Gegenseitigkeit und das Gesetz des Herdentriebs, miteinander kombiniert werden. Es wäre zum Beispiel denkbar, dass ein Kaffeehersteller für seine Kaffeekapseln einen Prominenten als Werbefigur einspannt (Gesetz der Sympathie) und versucht, Sie mit Hilfe von kostenlosen Produktproben durch das Gesetz der Gegenseitigkeit zum Kauf zu nötigen.

Als zusätzlicher Kaufanreiz werden Sie mit positiven Kritiken zufriedener Kunden bombardiert. Dies ist ein Beispiel mit nur drei kombinierten Techniken. Selbstverständlich finden sich auch Kombinationen von allen sieben Techniken, auch, wenn sich die professionellen Manipulatoren meistens auf drei oder vier Techniken beschränken – viel, hilft nicht immer viel.

Sie werden schnell feststellen, dass Sie sich bei der Abwehr der Manipulationsversuche nicht nur Freunde machen werden. Besonders in Ihrem näheren Umfeld, also am Arbeitsplatz und bei Freunden und Familie, kann es sein, dass Sie erst mal wenig Begeisterung auslösen, wenn Sie plötzlich anfangen, sich gegen Einverleibungsversuche zur Wehr zu setzen. Damit müssen Sie leben. Wenn Ihre Umgebung nach einiger Zeit realisiert hat, dass man mit Ihnen nicht alles machen kann und Sie kein leichtes Opfer sind, dann wird sich die Lage beruhigen und Sie werden letztlich an Respekt gewonnen haben.

4.3 Lernen Sie, selbst zu manipulieren

Sie wissen jetzt, wie die Gesetze der Manipulation funktionieren, und wie Sie sie gegebenenfalls abwehren können. Es ist jetzt der Zeitpunkt gekommen, wo Sie den nächsten großen Schritt wagen können. Wenden Sie die Gesetze der Manipulation selbst an, um sich Vorteile zu verschaffen und um Ihre eigene Situation zu verbessern.

Fangen Sie am besten klein an, im Familien- und Freundeskreis. Zum Beispiel ist das Kontrastgesetz sehr gut geeignet, um es mit Freunden und Bekannten auszuprobieren. Bitten Sie erst um einen großen, eigentlich völlig unzumutbaren Gefallen, der wahrscheinlich abgelehnt wird, und präsentieren Sie erst danach Ihr eigentliches Anliegen.

Auch das Gesetz der Gegenseitigkeit lässt sich leicht im eigenen Umfeld ausprobieren. Machen Sie kleine Geschenke. Versuchen Sie, andere Menschen auf diese Weise zu Gegenleistungen zu verpflichten. Experimentieren Sie und finden Sie heraus, was funktioniert.

Das Gesetz des Herdentriebs können sogar kleine Kinder schon erfolgreich anwenden: „Alle in meiner Klasse haben ein iPhone, bloß ich nicht. Ich will eines zum Geburtstag, weil mich sonst alle auslachen!“.

Sie sollten in diesem Buch genügend Anregungen und Beispiele gefunden haben, die Ihnen helfen können, die sieben Gesetze passend zu Ihrem persönlichen Umfeld anzuwenden. Auch hier gilt: Übung macht den Meister. Fangen Sie klein an und arbeiten Sie sich dann zu komplexeren Aufgaben vor. Schließlich können Sie dann selbst damit beginnen, die sieben Gesetze der Manipulation selbst zu kombinieren und sich an größere Ziele heranwagen, wie zum Beispiel Ihren Chef zu einer Gehaltserhöhung zu bewegen.

Wichtig ist, dass Sie dabeibleiben und sich von eventuellen Misserfolgen zu Beginn Ihrer Bemühungen nicht runterziehen lassen. Auch das gekonnte Manipulieren von Menschen lernt man nicht von heute auf morgen. Denken Sie daran, dass die Experten auf diesem Gebiet oft jahrzehntelange Erfahrung haben und es nur natürlich ist, wenn Sie diesen Vorsprung nicht gleich zu Beginn einholen können.

5. Ist es moralisch vertretbar, zu manipulieren?

Wie steht es eigentlich mit der ethischen Seite? Ist es moralisch einwandfrei, diese Manipulationstechniken selbst einzusetzen? Diese Frage ist gar nicht so einfach zu beantworten. Vor allem ist sie nicht *eindeutig* zu beantworten. Ob der Einsatz der hier beschriebenen Manipulationstechniken moralisch vertretbar ist, hängt ganz vom jeweiligen Einzelfall ab. Wenn Sie zum Beispiel Ihr Auto verkaufen wollen und es gibt zahlreiche Interessenten, dann ist es moralisch völlig okay, wenn Sie sich das Gesetz der Knappheit zunutze machen und Ihre potentiellen Kaufinteressenten darauf hinweisen, dass es zahlreiche andere Interessenten gibt, die das Auto ebenfalls kaufen möchten.

Völlig anders sieht es dagegen aus, wenn wir das Beispiel aus dem Gesetz der Konsistenz betrachten, wo jemandem für den Kauf eines Staubsaugers ein zusätzliches, kostenloses iPhone versprochen wird, und der Kunde am Ende mit einem weit billigeren Handy vertröstet wird, weil das iPhone angeblich gerade vergriffen ist. Hier liegt eine bewusste Irreführung des Kunden in betrügerischer Absicht vor, wenn der Verkäufer von vornherein gar nicht die Absicht hatte, das Handy zu liefern.

Ob es uns gefällt oder nicht - Menschen versuchen schon von Kindheit an, andere Menschen zu beeinflussen. Schon Kinder versuchen sich gegenseitig dazu zu überreden, Spielzeug an andere Kinder zu leihen oder es zu teilen. Schon Kinder versuchen auch ihre Eltern zu bestimmten Geburtstags- oder Weihnachtsgeschenken zu überreden. Das Beeinflussen anderer Menschen, um unsere eigenen Ziele zu erreichen, ist eine normale Verhaltensweise, die wohl allen Menschen angeboren ist. Die Frage ist, ab welchem Moment, aus einem normalen Verhalten eine moralisch verwerfliche Handlung oder gar eine

Straftat wird. Ganz klar: Wenn Sie die sieben Gesetze nutzen, um falsche Tatsachen vorzuspiegeln und sich dann auf Kosten anderer zu bereichern, dann ist das Betrug. Wenn jemand das Gesetz der Autorität missbraucht, um sich mit einer falschen Uniform oder einem erfundenen Titel Autorität zu verschaffen, dann ist das Betrug.

Wenn jemand, wie die Bhagwan-Jünger, Menschen zum Spenden nötigt, indem den Opfern zuvor unerwünschte Geschenke in Form von Rosen aufgedrängt werden, dann ist das zwar nicht strafbar, aber zumindest moralisch fragwürdig.

Wenn Produkte künstlich verknappt werden, um Menschen zum Kauf zu animieren, dann ist das zwar nicht illegal, aber ebenfalls moralisch fragwürdig.

Leider kommt es häufig vor, dass wir mit den sieben Manipulationstechniken ganz bewusst übervorteilt, getäuscht und in die Irre geführt werden sollen. Das ist schade, aber wir müssen dieser Realität ins Auge sehen, so unschön sie ist.

Es gibt nur eine Möglichkeit, sich vor diesem Missbrauch zu schützen: Die sieben Manipulationstechniken zu erkennen und ihnen damit ihre Wirksamkeit zu nehmen. Das ist leichter gesagt als getan und erfordert einige Übung, da diese ihre Wirkung ja völlig automatisch im Unterbewusstsein entfalten können, bevor der Verstand die Manipulation bewusst wahrgenommen hat. Mit etwas Übung schafft man es aber schließlich, den eigenen Verstand und das eigene Bewusstsein soweit zu sensibilisieren, dass der Manipulationsversuch rechtzeitig aufgedeckt und unterbunden werden kann.

Jedes der sieben Gesetze kann missbraucht werden und jedes der sieben Gesetze wird jeden Tag missbraucht. Das sollte Sie aber nicht davon abhalten, selbst diese sieben Gesetze zu verinnerlichen und sich mit der praktischen Anwendung so gut wie möglich vertraut zu machen. Bitte bleiben Sie selbst dabei im Rahmen des moralisch Vertretbaren.

Durch den Missbrauch der Manipulationstechniken ist es zwar möglich, kurzfristige Vorteile zu erlangen, langfristig zahlt sich ein solches Vorgehen aber nicht aus.

Fazit

Dieses Buch konnte Ihnen hoffentlich vermitteln, nach welchen Hauptgesetzmäßigkeiten das Beeinflussen von Menschen funktioniert.

Wir haben uns im Detail angesehen, welche vollautomatischen Prozesse im Unterbewusstsein der meisten Menschen ablaufen, und wie mit einfachen Reizen, komplexe Handlungen bewirkt werden können. Der Mensch hat zwar ein deutlich komplexeres Bewusstsein als die Putenhenne vom Beginn dieses Buches, dennoch werden auch wir von automatisch ablaufenden Verhaltensprogrammen in viel größerem Ausmaß gesteuert, als uns dieses bewusst ist. Beeinflussungsprofis, deren Beruf das Manipulieren von Menschen ist, wissen ganz genau, welche Programme, mit welchen äußeren Reizen, abgespult werden können, und haben darum die Möglichkeit, uns in ihrem Sinne zu beeinflussen. Und das geschieht häufig nicht zu unserem Vorteil. Dieses Buch gibt Ihnen das Wissen, diese Manipulationsversuche zu erkennen und erfolgreich zu durchkreuzen. Außerdem können Sie diese, mit dem Wissen aus diesem Buch, auch selbst zu Ihrem eigenen Vorteil anwenden.

Sie kennen jetzt die sieben wichtigsten Techniken, die berufsmäßige Manipulatoren benutzen, um andere Menschen ihrem Willen zu unterwerfen und gefügig zu machen. Natürlich werden diese Techniken nicht einzeln angewendet, sondern in den meisten Fällen werden mehrere dieser Techniken zusammen eingesetzt, was ihre Wirksamkeit noch einmal erheblich erhöht.

Sie haben jetzt das theoretische Wissen. Nun kommt es darauf an, dass Sie das Gelernte in die Praxis umzusetzen. Zunächst sollten Sie mit offenen Augen durch die Welt gehen und bewusst auf Manipulationsversuche achten. Das kann eine ernüchternde Erfahrung sein, denn Sie werden jeden Tag mehr Manipulationsversuche bemerken. Der nächste Schritt, nach dem Aufdecken der Beeinflussung, muss logischerweise die Abwehr der Manipulatoren sein. Sie haben dazu in den Kapiteln über die einzelnen Gesetze bereits Anregungen erhalten, wie so etwas konkret aussehen könnte.

Die größere Herausforderung wird die Abwehr, denn die Manipulationen verlieren durch Aufklärung alleine noch nicht ihre Wirkung. Es ist in jedem Fall aktiver, mentaler Widerstand nötig, um den sieben Gesetzen der Manipulation ihre Macht zu nehmen. Wie überall sonst im Leben, gilt auch hier der Grundsatz: Üben, üben, üben. Setzen Sie sich doch bewusst das Ziel, jeden Tag mindestens einen Manipulationsversuch abzuwehren. Egal, wer versucht, Sie zu beeinflussen – Familie, Freunde, Arbeitskollegen, Vorgesetzte oder anonyme Kräfte, wie Werbespots im Fernsehen: Üben Sie sich darin, die verschiedenen Manipulationsversuche zu erkennen, einem der sieben Gesetze zuzuordnen und sich anschließend der Wirkung zu entziehen.

Es kann sein, dass Sie zu Beginn Schwierigkeiten haben werden. Das ist normal. Sie müssen sich auch darauf einstellen, dass die Menschen, die Sie manipulieren wollen, womöglich nicht begeistert sind, wenn Sie plötzlich anfangen, sich dagegen zur Wehr zu setzen, und das Spiel nicht mehr mitspielen wollen. An dieser Stelle dürfen Sie keine Kompromisse und womöglich Schuldgefühle entwickeln. Lassen Sie sich kein schlechtes Gewissen einreden. Es ist Ihr gutes Recht, sich gegen Manipulationsversuche zu verteidigen und Ihre Interessen, so gut es geht, zu schützen und zu verteidigen.

Das Manipulieren anderer Menschen ist seit Urzeiten Teil des Lebens. Dieses Spiel wird seit tausenden von Jahren gespielt, und es ist Ihr gutes Recht, die Spielregeln zu kennen und das Spiel so gut wie möglich zu beherrschen, damit Sie im Leben das bekommen, was Ihnen zusteht.

Lassen Sie nicht zu, dass andere Sie zur Marionette machen und nehmen Sie das Spiel selbst in die Hand. Es lohnt sich.

20236830R00032

Printed in Poland
by Amazon Fulfillment
Poland Sp. z o.o., Wrocław